DE QUELQUES ESSAIS

DE

COLONISATION EUROPÉENNE

SOUS LES TROPIQUES.

DE QUELQUES ESSAIS

DE

COLONISATION EUROPÉENNE

SOUS LES TROPIQUES

(Le Kourou — La Mana — Le Guazacoalco — Santo-Tomas de Guatemala),

Par M. LEPELLETIER de SAINT-REMY,

Chef du Bureau du Régime politique et du Commerce des Colonies.

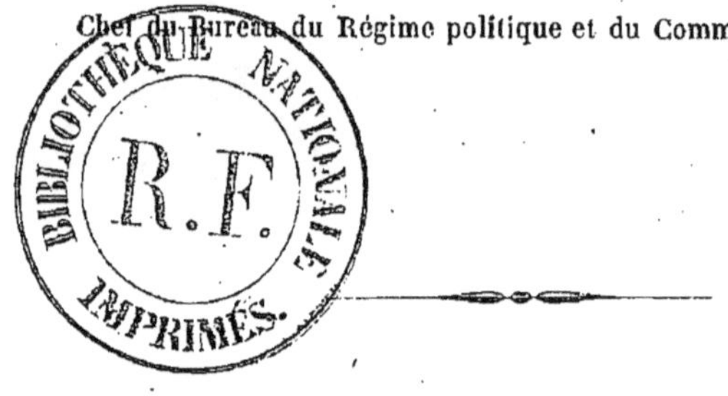

PARIS,

IMPRIMERIE ADMINISTRATIVE DE PAUL DUPONT,

RUE DE GRENELLE-SAINT-HONORÉ, 55.

1849

INDEX.

La question de l'*immigration européenne* est aujourd'hui la grande question pour nos colonies. Il faut les excuser de l'entraînement, de l'exagération, si l'on veut, qu'elles mettent à en poursuivre la solution ; car, il y a pour elles dans cette solution, un intérêt politique et un intérêt économique de premier ordre. Leur sécurité intérieure ne pourra être considérée comme assurée, que lorsque l'équilibre sera établi entre les deux éléments de leur population ; le travail rural ne prendra tout l'élan qu'il doit avoir dans des pays essentiellement producteurs, que lorsqu'il sera activé par la concurrence et réhabilité par l'intervention de la race supérieure.

Il ne faut donc pas porter les regards vers le passé pour chercher ce que les colons ont pu dire contre la praticabilité de l'immigration européenne, dans un temps où ils repoussaient systématiquement tout ce qui pouvait impliquer contradiction avec le maintien de l'esclavage.

Cette tâche ne saurait être qu'une de ces vaines et cruelles satisfactions qu'aiment à se donner les hommes de parti. L'œuvre des esprits impartiaux est tout autre : ils doivent remonter vers le passé pour lui demander froidement son enseignement, se rendre compte des difficultés réelles qu'il révèle, et voir s'il est possible de les résoudre ou de les tourner.

De son côté, et c'est là une nouvelle preuve de cette étroite solidarité qui lie une métropole à ses colonies, la France ne saurait perdre de vue qu'il y a aussi pour elle un intérêt de premier ordre dans cet intérêt colonial. Si l'immigration est indispensable par là, l'émigration est nécessaire par ici. Du jour où la politique moderne a fermé les couvents, cette pacifique émigration au dedans, elle eût dû ouvrir et régulariser l'émigration au dehors. En la dirigeant sur des centres français, elle eût, à la fois, assuré la tranquillité intérieure du pays, agrandi sa puissance extérieure, et prévenu ces fâcheuses complications qui naissent, comme celle de la Plata, de l'agglomération des nationaux sur un sol étranger.

La matière, comme on le voit, est complexe; elle est vaste. Mais elle est d'un intérêt tellement actuel, qu'elle est digne d'être abordée par qui se sent le loisir et la liberté d'allures, que comporte son étude.

A chacun sa tâche : ce travail a pour but de présenter, si l'on peut dire, une introduction *pratique* à la question. J'ai voulu voir ce qu'il y avait au fond des tentatives qui avaient le plus déconsidéré l'*idée* de la colonisation européenne sous les tropiques dans l'esprit des publicistes et des hommes d'administration. Si j'ai démontré que ces tentatives ont été mal connues et mal appréciées, qu'elles ne prouvent rien ou prouvent en faveur de la possibilité d'acclimater le travailleur européen sous les tropiques, j'aurai, je crois, fait faire un pas à la question, en déblayant une bonne fois ses abords de ces ronces qui ont nom : *le Kourou, la Mana, le Guazacoalco,* et *Santo-Tomas de Guatemala.*

DE QUELQUES ESSAIS

DE

COLONISATION EUROPÉENNE

SOUS LES TROPIQUES.

I.

Le Kourou.

Pensée exclusive de l'entreprise. — Ses deux chefs. — Causes d'insuccès. — Désastre.

Longtemps après les ordonnances des 20 mai 1721 et 15 novembre 1728, qui mettent à peu près fin à l'introduction des *engagés* aux Antilles, c'est-à-dire à une époque où la France devait avoir fait son apprentissage en matière de colonisation, se place l'affaire du Kourou dans la Guyane française. L'idée particulière qui présida à cette entreprise mérite d'être indiquée [1].

A la veille de signer la paix de 1763, qui enleva le Canada à

[1] Voyez, pour tous les détails de l'affaire du Kourou, le *Précis historique* publié en 1832 par le Département de la Marine.

la France, le cabinet de Versailles, que dirigeait M. le duc de Choiseul, songea à compenser la perte de cette possession par la colonisation de la Guyane française. Le ministre avait été frappé de l'avantage qu'avaient donné à l'Angleterre dans la lutte qui se terminait si malheureusement pour la France, ses possessions de l'Amérique du Nord, dont le filial concours pouvait être considéré comme ayant eu une influence décisive sur le résultat de la guerre. Le bruit courait à la même époque que l'Angleterre, éclairée elle-même par les événements, voulait se ménager une assistance semblable au milieu de la mer des Antilles en jetant à la Dominique une vaste immigration européenne. Il parut de bonne politique de créer à la France les mêmes ressources en procédant par les mêmes moyens. La Guyane, située au vent des colonies françaises du golfe du Mexique, parut très-favorablement placée pour leur envoyer un prompt secours, de même que pour agir offensivement au besoin contre les îles anglaises. Malheureusement cette pensée, qui ne manquait certainement pas de portée, domina si exclusivement les esprits, qu'elle fut la principale cause du revers que l'on éprouva. Ainsi, toute idée de commerce, toute vue économique fut systématiquement repoussée des conseils qui présidèrent à l'établissement de la nouvelle colonie : une population européenne demandant à la terre les vivres nécessaires à sa nourriture, voilà ce qu'on voulut.

La conséquence naturelle de cette combinaison fut la nécessité de dissimuler aux émigrants la pensée véritable de l'entreprise. On les envoyait comme une sorte de colonie militaire : ils partirent se voyant déjà planteurs, et récoltant ces riches denrées coloniales à la possession desquelles la prospérité fabuleuse de Saint-Domingue faisait alors attacher un si grand prix. Premier tort des chefs de l'entreprise, première illusion, qui devait entraîner un premier mécompte!

La direction de l'affaire fut confiée à M. le chevalier de Turgot et à M. Thibaut de Chanvalon. L'un, qui fut nommé gouverneur de l'établissement à fonder, était un homme de cour qu'aucun titre particulier ne désignait à cet emploi, et qui ne se résigna qu'à la dernière extrémité à le considérer comme entraînant pour lui une obligation sérieuse. L'autre, qui devait administrer comme *intendant*, était créole de la Martinique, où il avait été membre du *conseil supérieur* [1]. C'était un esprit entreprenant, doué d'une certaine puissance organisatrice, et qui donna en plusieurs circonstances des preuves d'une grande promptitude de résolution.

M. de Chanvalon était de ces hommes comme il en faut pour la conduite d'une entreprise de ce genre, mais qu'un gouvernement doit avoir l'intelligence de ne pas placer en sous-ordre. Ses dissentiments avec M. de Turgot furent comme la triste péripétie des malheurs qu'on eut à déplorer.

Le premier acte de M. de Chanvalon fut de faire explorer la partie du territoire colonial où il s'agissait de jeter les bases du nouvel établissement. Car, jusque-là, on avait beaucoup parlé de l'affaire ; on s'était occupé même à en réunir les principaux éléments : les hommes et l'argent; mais chose incroyable, on n'avait fait aucune étude spéciale de la localité qu'il s'agissait d'occuper. M. de Préfontaine, officier réformé des troupes de la marine, fut mis à la tête d'une expédition préparatoire qui partit de Rochefort au mois de mai 1763, avec 127 colons et

[1] Il est auteur du *Voyage à la Martinique, contenant diverses observations sur la physique, l'histoire naturelle, l'agriculture*, etc. 1 vol, in-4°, Paris, 1763, dédié au duc de Choiseul.

ouvriers munis d'outils, de vivres et de matériaux propres aux travaux à entreprendre. Ce fut sur les bords du Kourou, grande rivière qui coule entre Cayenne et le Sinamari et arrose un pays d'une végétation splendide, que devaient être jetées les bases du nouvel établissement. C'est à l'embouchure du Kourou que M. de Préfontaine devait préparer le campement de l'immigration dont M. de Chanvalon se chargeait de conduire le premier contingent.

L'intendant avait arrêté que le départ du convoi de M. de Préfontaine aurait lieu dès le commencement de mars, de manière que l'arrivée à la Guyane coïncidât avec la fin de la saison des pluies, et que trois mois pussent être consacrés aux travaux préparatoires, à la confection des abris provisoires qui recevraient les colons, dont l'immigration véritable commencerait au mois de juin.

Dès ce premier pas, on voit s'inaugurer la série de contrariétés, de tiraillements et de lenteurs qui devait plus tard se changer en une activité fébrile, et conduire l'affaire à sa ruine. A son arrivée à Rochefort, M. de Préfontaine trouva les esprits prévenus contre l'entreprise, et même contre sa personne. Mille retards lui furent suscités, et il ne put partir qu'au milieu du mois de mai, pour arriver à Cayenne dans le courant de juin. Deux mois et demi avaient été perdus.

Des difficultés d'un autre ordre l'attendaient à son arrivée.

Ce sera toujours une question bien complexe et de solution bien délicate que celle de la colonisation sur des bases nouvelles d'un pays déjà occupé par une population coloniale, si insuffisante que soit cette population, si imparfaite que soit la société qu'elle représente, si évidemment utile que puisse être pour elle l'œuvre qu'il s'agit d'entreprendre. M. de Préfontaine eût à la fois à lutter contre l'administration de l'ancienne colonie et contre ses habitants. Le gouverneur et le commissaire ordonnateur ne virent pas sans ombrage un délégué de la métropole, dont les fonctions mal déterminées pouvaient être étendues au delà des bornes d'une colonisation ; et, tout en restant dans de bons rapports apparents, ils lui opposèrent cette sourde hostilité qui peut être considérée comme l'un des plus infaillibles dissolvants. Les habitants virent avec dépit cette manifestation de la métropole qui, paraissant ne tenir aucun compte de leur existence, les laissait à l'écart pour aller fonder un établissement sur leur territoire. Ils saluèrent de leurs brocards les colons et les colonisateurs. La roideur extrême de M. de Préfontaine ne fit qu'augmenter ces fâcheuses dispositions. Le concours dont il aurait eu besoin lui manqua. Il s'aperçut que le nombre de ses travailleurs était au-dessous de la tâche qu'il avait à remplir, et bientôt il se vit menacé de l'arrivée du premier contingent que devait conduire M. de Chanvalon, alors que le camp était à peine ébauché, que les cases provisoires étaient à peine édifiées. . . . .

Mais le départ de M. de Chanvalon devait éprouver la même série de contrariétés que celle de la première expédition. Il éprouva un retard de cinq mois. C'était donner quelque temps de plus aux travaux préparatoires ; mais c'était compromettre gravement le début de l'entreprise en faisant arriver les immigrants au milieu de la mauvaise saison. Toutes les plaintes de M. de Chanvalon, toute l'énergie qu'il mit à signaler au ministre les redoutables conséquences de ce retard, ne hâtèrent pas d'un jour la solution des inextricables difficultés financières au milieu desquelles il se débattait. On avait conçu une grande chose, on voulait la faire par des moyens héroïques, et l'on cherchait à l'exécuter sans argent. 400,000 fr. avaient été promis à l'intendant, et on voulait qu'il partît emportant 200,000 fr. *en papier*. C'était la plaie du règne qui se produisait là comme dans toutes les autres affaires.

Enfin, à la fin de décembre, entra dans la rade de Cayenne un premier convoi de 11 bâtiments, portant 1,429 personnes qui vinrent se joindre à 523 déjà arrivées soit avec M. de Préfontaine, soit postérieurement.

Aussitôt son débarquement, M. de Chanvalon entama courageusement son œuvre. Luttant avec une grande énergie et contre le mauvais vouloir de l'administration de l'ancienne colonie, et contre les difficultés matérielles de l'entreprise, il se mit en devoir de suppléer avec tout son monde à l'insuffisance des premiers travaux. On traça à la hâte l'alignement d'une ville, on échelonna de nouvelles rangées de *carbets*[1] à la suite de celles qu'avait élevées M. de Préfontaine. Aux voies ouvertes entre ces huttes, on donna les noms des principaux chefs de la colonie naissante. Des défrichements se poussaient en même temps aux alentours dans le but de demander à la terre au moins une partie de la subsistance de ses nouveaux hôtes; toutes ces choses se faisant avec une précipitation, une hâte, un provisoire qui, comme nous ne le verrons que trop, semblent comme un caractère maladif de ces sortes d'entreprises.

Il faut dire aussi que, préoccupé de tout ce dont il avait été témoin au moment de son départ, de tout ce qu'il avait trouvé d'imprévoyance et de laisser-aller de la part du ministre, M. de Chanvalon était comme frappé de l'idée qu'on ne tiendrait pas compte des recommandations cependant bien précises

[1] C'est le nom que l'on donne en général aux habitations des Indiens caraïbes.

qu'il avait faites au sujet de l'embarquement des contingents successifs qui devaient lui être envoyés. Il éprouvait une sorte d'effroi en songeant aux déplorables conséquences que pourrait avoir toute expédition prématurée.

Il ne pressentait que trop juste! Dès le mois de février, un nouveau bâtiment arrivait avec plus de 400 passagers. Impossible de les recevoir dans l'établissement commencé. M. de Chanvalon, avec cet esprit de résolution qui ne l'abandonna jamais, songe aussitôt à tirer parti de trois îlots situés à l'embouchure du Kourou, et auxquelles il donne le nom d'*îles du Salut*. Il y fait rapidement exécuter quelques travaux, dresser quelques tentes, et y cantonne ces nouveaux arrivants. Sa vive intelligence rattachant ce moyen de salut provisoire au développement et à la consolidation de l'établissement principal, il tire bientôt de cette idée tout un système de sécurité et de défense. On le voit en développer complaisamment l'importance au ministre, et montrer ainsi qu'il ne perd pas de vue la pensée fondamentale, l'idée toute militaire de l'entreprise dont la direction lui est confiée. Il semble croire qu'à l'imprudence qui lui a suggéré l'expédient dont il se félicite doivent s'arrêter ses épreuves.... Bientôt on lui annonce un nouvel envoi de 2,000 colons!

Son esprit se développant sous l'aiguillon de la nécessité, il modifie aussitôt ses plans : il comprend tout ce qu'a de stérile l'idée d'un établissement qui ne ferait que suffire à sa subsistance, et ne serait qu'une sorte de réserve militaire. Il s'arrête aussitôt au projet de diviser les immigrants en deux classes : les concessionnaires et les *travailleurs*. Les *concessionnaires* devaient être ceux qui, nantis de quelques capitaux, seraient mis en possession d'une certaine étendue de terre qu'ils exploite-

2

raient avec l'aide des *travailleurs*, dont la nourriture et l'entretien se trouveraient ainsi à leur charge. Sans plus tarder, M. de Chanvalon remonte le Kourou jusqu'à une hauteur de près de 20 lieues, accompagné d'un ingénieur et de toutes les personnes qui pouvaient lui fournir des informations sur la plus grande hauteur des eaux, la fertilité des terres, la nature du climat. Quarante-quatre concessions sont tracées. Trente sur la rive droite, quatorze sur la rive gauche. Elles ne s'avançaient pas dans les terres de plus d'une demi-lieue, de manière à faciliter les communications avec l'établissement central. La délimitation établie, on fichait en terre quatre pieux que recouvraient des feuilles de palmier. On déposait sous cet abri concessionnaires et travailleurs avec des outils de défrichement et les premières provisions, que devait renouveler le magasin général du camp ; puis on allait plus loin faire un nouveau tracé.

Au point où commençaient les premières concessions, dans un lieu où le cours sinueux de la rivière forme une sorte de presqu'île, M. de Chanvalon voulait jeter les fondements d'une ville qui deviendrait à la fois la clef et le marché du nouveau territoire. Comme la Nouvelle-Orléans, elle desservirait par la grande artère fluviale les riches exploitations qu'une intelligente pensée échelonnait au-dessus d'elle. Cette situation était magnifique, et la cité devenait inaccessible à l'ennemi par cette précaution qui était prise de ne l'élever qu'à 6 lieues de l'embouchure d'un cours d'eau dont les irrégularités offraient les plus précieuses ressources à la défense.... Toutes ces idées étaient indiquées par l'intendant avec une grande rapidité, mais avec une grande précision, une grande sûreté de vues. On reconnaît partout l'homme intelligent, courageux, qui ne se laisse pas déconcerter par l'imprévu, qui sait non-seulement trouver l'expédient, mais encore le féconder et le grandir. M. de Chanvalon était bien l'homme qu'il fallait à une entreprise de colonisation. Laissé à lui-même avec les seules difficultés inhérentes à son œuvre, sans autres adversaires que la nature et le détestable esprit qui règne presque toujours dans les grandes immigrations, il eût peut-être surmonté les obstacles, et jeté les bases d'un établissement véritable.....

Mais l'espérer, c'eût été compter sans l'anarchie administrative dont il avait déjà ressenti les funestes effets au moment de son départ. Le tracé des concessions était à peine terminé, qu'on vit arriver une première partie du convoi annoncé. Il était composé de plus de 1,200 individus.

A partir de ce moment, les convois se succèdent avec une désespérante, une effroyable régularité. Les navires vomissent incessamment sur la plage toute une population de malheureux qui arrivent l'imagination remplie des plus beaux rêves et qui viennent se briser contre la plus accablante déception! Le désespoir, la nostalgie, les maladies endémiques, la famine commencent leurs affreux ravages. On ne compte plus les arrivants, on ne compte plus les morts, on ne compte plus les vivants. Les concessionnaires les plus proches se rabattent avec leurs travailleurs sur le camp, tandis que les plus éloignés meurent oubliés, et que les *îles du Salut* se changent en ossuaires. Vainement M. de Chanvalon déploie la plus grande énergie, se multiplie, appelle à son aide toutes les ressources de son esprit et de son courage. Le malheureux est débordé. Les mesures qu'il veut prendre, l'autorité qu'il veut encore exercer, ne servent plus qu'à aigrir les esprits, et à les exalter contre lui. Ce n'est plus qu'un tyran qui se donne toutes les jouissances de la bonne chère, tous les raffinements de la vie, tandis que la maladie et la faim se traînent autour de sa demeure.......

S'il faut en croire les faits articulés par M. de Chanvalon dans le procès criminel qui couronna cette désastreuse entreprise, 9,000 personnes furent jetées sur les rives du Kourou pendant les six mois que dura la véritable immigration[1] !

Il paraît que l'autorité maritime des ports avait voulu se débarrasser au plus vite de ce ramassis d'individus, écume des grandes villes, réunis de longue main aux lieux d'embarquement, et qu'elle les avait fait partir sans vouloir attendre aucun avis, sans vouloir entendre aucune remontrance... Ainsi, on achevait de perdre par la précipitation une entreprise qu'on avait au début compromise par la lenteur !

Le mal était à son paroxisme, lorsque M. le chevalier de Turgot voulut bien quitter Paris pour se rendre à son poste. Ce ne fut pas sans les plus grandes lenteurs et les injonctions les plus réitérées. On eut bientôt le secret des hésitations du nouveau gouverneur : ce colonisateur avait peur de la mer et de la fièvre. Arrivé devant Cayenne, il fait un vœu pour son heureuse descente sur la plage, et se refuse obstinément à commettre sa personne sur les rives infectées de l'établissement qu'il est venu fonder. Cependant, du fond de l'île de Cayenne, quelques jours ont suffi à son génie pour tout voir, tout entendre, tout comprendre : il fait arrêter M. de Chanvalon, saisir ses papiers, et commencer une instruction criminelle contre celui qui seul aurait pu sauver encore les malheureux débris de l'expédition. L'intendant est embarqué

[1] M. Malouet (*Mémoires et correspondances officielles*, t. I, p. 6) porte à 14,000 le nombre des individus qui furent conduits au Kourou. Combien donc de familles s'éteignirent sans laisser trace de leur existence ? combien de malheureux périrent isolés sans que le souvenir de leur mort fût conservé dans la mémoire de personne !...

après un emprisonnement de trois mois à Cayenne, et l'étrange gouverneur, fuyant toujours la fièvre, reprend lui-même le chemin de la France, sans avoir songé à exécuter un seul des quatre-vingts articles des instructions que lui avait remises le ministre. Un cri d'indignation accueillit ce honteux et inopiné retour. La conduite de M. de Turgot fut déférée à une commission qui la flétrit dans les termes les plus énergiques et requit les peines les plus sévères. Mais M. de Chanvalon n'en fut pas moins enfermé au Mont-Saint-Michel.

Les renseignements manquent sur l'issue définitive du déplorable conflit dont nous n'avons pu qu'indiquer le principal incident. Cette lutte du gouverneur et de l'intendant n'a d'ailleurs d'intérêt que par la lumière qu'elle peut jeter sur le caractère général de l'entreprise et sur les principales causes de son insuccès. On peut même dire qu'elle renferme le seul enseignement véritable que présente cette malheureuse affaire. Elle prouve qu'une entreprise de cette nature ne comporte pas un partage d'autorité, et que les conflits de pouvoir, si funestes dans les sociétés déjà régulièrement organisées, sont désastreux et mortels dans les sociétés qui se fondent.

Mais là s'arrêtent les déductions qui peuvent être tirées de cette coûteuse et funèbre expérience. D'un côté, en effet, il faut bien considérer comme un fait anormal la coupable légèreté administrative qui fit de l'immigration de 1765 une véritable traite d'Européens ; de l'autre il faut reconnaître qu'une immigration accomplie dans de pareilles conditions ne saurait fournir aucun élément sérieux d'appréciation à l'étude de la question qui nous occupe. On ne peut demander compte de leurs travaux à des malheureux qui ne descendaient de leur navire que pour se tordre dans les angoisses de la faim et du désespoir. Une colonisation ainsi conduite ne saurait laisser après elle que des ossements blanchis et une juste réprobation contre tant de laisser-aller, d'imprudence et d'impéritie.

II.

La Mana[1].

Plans et propositions de M. Catineau-Laroche. — Exploration des bords de la Mana. — L'essai de travail européen a lieu. — Fin de l'entreprise.

Le traité de 1763 avait fait concevoir l'entreprise du Kourou, les conventions de 1815 firent songer à l'établissement de la Mana. La France doit être une puissance maritime et coloniale : cette pensée travaille toujours les esprits comme un généreux ferment au moment même où les vicissitudes de la politique lui donnent comme un douloureux démenti.

De nombreux projets de colonisation et d'occupation transmaritime furent souvent soumis, soit à M. le baron Malouet, soit à M. le baron Portal, qui furent successivement chargés du portefeuille de la marine pendant les premières années de la restauration. Mais l'échec de 1765, dont ils retrouvaient partout la trace dans les papiers de leur département, rendait ces hommes d'Etat sagement circonspects. Cependant, au commencement de 1819, il s'ouvrit entre M. le baron Portal, qui venait d'arriver au ministère, et M. Catineau-

[1] Voyez *le Précis sur la colonisation des bords de la Mana,* publié par le Département de la marine en 1835.

Laroche des conférences sérieuses sur le projet d'un nouvel établissement à la Guyane. Longtemps employé dans la haute administration du royaume, très-versé dans les affaires de commerce, M. Catineau-Laroche avait de plus visité les Antilles, séjourné à Saint-Domingue, parcouru les forêts et les parties cultivées du continent américain, et sérieusement étudié les méthodes de défrichement en usage aux Etats-Unis. C'était un esprit intelligent, dont les nombreux mémoires témoignent d'une grande facilité de conception.

Dans un exposé plein de clarté qu'il remit au ministre, M. Catineau-Laroche, après avoir soigneusement examiné les conséquences économiques du traité de Paris, arrivait à démontrer la nécessité où, à peine de déchéance, la France se trouvait placée, de fonder des colonies nouvelles qui fussent à la fois des lieux de production et des marchés de consommation. On ne pouvait plus asseoir de pareils établissements sur la base solennellement condamnée de l'immigration africaine. Il fallait songer à la race blanche.

Suivant le voyageur, de nombreux exemples déposaient de l'aptitude des Européens à travailler sous la zone Torride. Sous ce ciel brûlant, leur ennemi le plus dangereux n'était pas la température, mais l'abus des liqueurs spiritueuses, l'excès des plaisirs sensuels et les miasmes des terres basses et noyées. Dans toutes les Antilles, dans les possessions espagnoles et portugaises d'Amérique, dans la Basse-Louisiane, on voyait, disait-il, des blancs en grand nombre se livrer, sous l'ardeur du soleil, à la culture des terres et aux métiers les plus pénibles sans le moindre inconvénient pour leur santé. Ramenant ces notions générales à une application spéciale à la Guyane, il faisait remarquer que les zones variées de ce vaste pays offraient pour l'acclimatement des races européennes des ressources que ne présentaient même pas Cuba et Porto-Rico, malgré leur grande étendue. Déjà, sans sortir de l'étroite circonscription de l'île de Cayenne, on pouvait constater que la mortalité parmi les soldats n'allait pas au delà de 5 ou 6 sur 100, tandis que, dans nos Antilles, elle était plus que double. Enfin, appréciant comme nous venons de le faire la désastreuse tentative de 1765, M. Catineau-Laroche arrivait à démontrer que la Guyane devait être le théâtre des nouveaux essais de colonisation.

Voici en résumé le plan qui accompagnait ces données générales. — Après avoir choisi telle partie du territoire qui offrirait, entre autres conditions, celle d'être isolée de l'établissement déjà formé, on y introduirait une population rurale d'environ 100,000 âmes. Cette immigration devrait s'accomplir dans une période de dix années. Douze mille arpents seraient successivement défrichés, et des logements aussi successivement préparés, de manière à ce qu'aussitôt débarqué l'immigrant devînt producteur, et cela sans passer par la redoutable période de l'appropriation des terres vierges. Dirigée de cette manière, et en se conformant à certaines règles générales de culture, la colonisation devait, dans l'espace de dix ans, fournir une masse de produits de la valeur de 187 millions. Pour le remboursement de ses dépenses, qui la première année s'élèveraient à 5 millions, le gouvernement devait prélever une part en nature que l'auteur fixait au tiers de la récolte totale. Moyennant ce prélèvement, dès la fin de la troisième année, non-seulement l'Etat se serait trouvé remboursé de ses avances, mais encore il aurait retiré un bénéfice net de 4 millions. C'était sur ce dernier revenu que devaient s'imputer les traitements des agents de l'administration. Une avance de 10 millions paraissait suffisante à M. Catineau-Laroche pour réaliser son projet. Il pensait que l'exécution devait en être laissée à une compagnie de négociants et d'armateurs sous la surveillance du gouvernement.

Pendant les trois premières années, la colonie devait être soumise au régime militaire. Après ce temps, elle rentrerait dans le régime civil, et la société naissante aurait reçu alors des institutions fondées sur la liberté commerciale et industrielle la plus étendue.

Tel était le plan de M. Catineau-Laroche. Il témoigne d'une sérieuse étude de l'organisation des grandes compagnies de commerce et de colonisation du dix-septième siècle, qui fondèrent le monde colonial de l'Europe. Il a évidemment inspiré la première idée si grandement modifiée par la suite du projet de colonisation de la Guyane française, élaboré par M. J. Lechevalier.

Les idées de M. Catineau-Laroche furent soumises à une commission spéciale, composée d'hommes haut placés dans l'administration et les affaires, qui en rendit le compte le plus favorable. « Rien de plus ingénieux, dit le rapporteur, M. Duvergier de Hauranne, rien de plus séduisant que ce projet, dont l'exécution, réduite à la moitié, laisserait encore l'espoir d'un beau succès. »

Mais le temps n'était plus où il suffisait de vues ingénieusement développées, de combinaisons séduisantes, pour entraîner le gouvernement à des résolutions aussi légèrement conçues qu'elles devaient être inconsidérément exécutées. Si on peut faire un reproche à l'administration supérieure dans cette affaire, c'est de l'avoir *trop étudiée.*

Le gouvernement décida d'abord qu'une première exploration

serait faite dans le but de rechercher et de déterminer le lieu qui pourrait servir de théâtre à un établissement aussi considérable que celui que l'on se proposait de former. M. Catineau-Laroche fut lui-même placé à la tête de cette première expédition, qui devait, à son arrivée à Cayenne, se mettre en rapport avec M. de Laussat, administrateur distingué qui gouvernait alors la colonie, et se trouvait déjà saisi de l'affaire [1].

Conformément aux instructions qui lui avaient été tracées, instructions auxquelles les renseignements fournis par M. de Laussat avaient servi de base, la commission exploratrice se dirigea vers l'embouchure de la Mana, rivière considérable qui coule à 50 lieues sous le vent de Cayenne, à l'extrémité N. de notre colonie. Elle en remonta le cours jusqu'à 50 lieues environ de son embouchure. De deux postes qui furent établis sur la rive gauche, des détachements se portèrent dans différentes directions, et, par une étude sérieuse des couches alluvionnaires aussi bien que par celle de la végétation, réduisirent à leur juste valeur toutes les exagérations qui s'attachaient aux terres *noyées* de la Guyane. Il fut reconnu sur les bords de la Mana, comme il avait été reconnu sur ceux du Kourou, que l'invasion des eaux ne s'étendait jamais au delà d'une zone de 3 lieues dans les terres. Il parut à la commission que le sol, également bon sur les deux rives, allait en s'améliorant graduellement sur la rive gauche dans la direction du Maroni qui coule plus à l'O. et sépare notre territoire de la Guyane hollandaise. Le pays est couvert de forêts immenses, peuplées d'arbres de nombreuses espèces propres pour la plupart aux constructions de tout genre. Il est sillonné

[1] Père du représentant du peuple de ce nom. Il avait été *préfet colonial* à la Martinique.

d'une multitude de cours d'eau qui débouchent dans la Mana et le Maroni, et sont presque tous navigables jusqu'à une assez grande distance de leur confluent. La Mana fut elle-même reconnue susceptible de recevoir en tout temps de grands bâtiments jusqu'à 4 ou 5 lieues de son embouchure, et les bâtiments de grand cabotage jusqu'à 6 ou 8 lieues.

L'exploration dura cinquante jours, et, pendant ce temps, malgré les fatigues et les privations de toute espèce et l'abondance des pluies, le climat ne fit éprouver à aucun des explorateurs la moindre influence fâcheuse.

Ce premier résultat était donc véritablement satisfaisant. Il se trouvait confirmé par les observations de M. de Laussat, qui constatait « qu'entre la Mana et le Maroni, et notamment du « 5° 3/4 au 4° 1/2 de latitude N., la qualité du sol était « partout admirable, le terrain partout accessible, maniable, « tel enfin qu'il est rare de rencontrer sur le globe des espaces « aussi étendus présentant autant d'avantages à la civilisation « et à l'industrie. » Cependant, tout en proclamant ainsi l'excellence des terres. M. de Laussat ne les considérait pas comme susceptibles de produire les denrées coloniales, mais il pensait qu'elles pourraient fournir abondamment les céréales et toutes les plantes alimentaires des terres intertropicales.

Si l'établissement d'une colonie dans ces conditions ne rentrait pas précisément dans l'idée qui avait présidé à la première élaboration de l'affaire, elle offrait cependant encore assez d'intérêt pour qu'il y fût donné suite.

Mais les nouveaux éléments recueillis nécessitaient des modifications dans les premières données fournies par M. Catineau-Laroche. Un nouveau travail lui fut en conséquence demandé. Il y a en ce moment un véritable intérêt à suivre, dans leurs transformations successives, ces combinaisons d'un esprit ingénieux, qui toutes offrent quelque utile enseignement dans cette difficile matière de la colonisation.

M. Catineau-Laroche, modifiant considérablement le cadre de ses premières idées, substitua l'action unique du gouvernement à celle de l'industrie privée; réduisant en même temps les proportions de l'entreprise, il proposa d'introduire 600 familles de cultivateurs français à la Guyane dans l'espace de six années, soit environ 2,400 personnes des deux sexes, plus une population spéciale qu'il désignait sous le nom *d'ouvriers coloniaux*, et qui s'élèverait à 4,400 individus. Ces ouvriers, organisés en compagnies spéciales, seraient recrutés par voie d'enrôlement volontaire parmi les jeunes conscrits militaires avant leur admission dans l'armée. Enfin on tirerait des maisons de charité 4,200 orphelins des deux sexes, de l'âge d'environ seize ans. Cette population de 11,000 individus serait transportée aux frais de l'État. Chaque famille recevrait une concession de 150 arpents, dont 8 défrichés et plantés en légumes et fourrages; une case, des meubles, des outils aratoires, des bestiaux. Enfin la ration de soldat était assurée pendant deux années à tous les immigrants. A chaque famille concessionnaire était attaché un certain nombre d'ouvriers et d'orphelins, et cette réunion constituait l'exploitation.

Après la sixième année, l'immigration continuait dans les mêmes conditions, mais dans des proportions plus fortes.

Après la treizième année, époque à laquelle le nombre des immigrants devait s'élever à environ 44,000 individus, 24,000 ouvriers et 7,200 orphelins, le gouvernement cessait de s'occuper de l'introduction de nouvelles familles, et abandonnait à l'intérêt privé le soin de continuer l'œuvre de la colonisation.

La dépense d'immigration devait s'élever à 1 million par an. Mais, pour s'en remplir, l'Etat devait prélever pendant vingt-huit ans un droit égal au quart des récoltes de la colonie. Or, comme, d'après les calculs du nouveau projet, le chiffre de la production totale pour vingt-huit ans devait représenter une valeur de 391 millions, la perception de l'Etat s'élèverait à 96 millions. — Combinaison défectueuse autant par son exagération que par son caractère évidemment léonin. Si elle se comprend dans le premier projet, dont l'exécution devait être confiée à l'industrie privée, il est certain que rien ne la motive et ne la justifie dans celui dont le mécanisme vient d'être indiqué. La colonisation n'est-elle donc pas, en effet, une de ces œuvres nationales et fécondes qu'un gouvernement peut entreprendre pour elles-mêmes et pour les avantages généraux que doit en retirer le pays ? La *colonie* une fois constituée, est-il juste de demander à ceux qui ont coopéré à ces chanceuses entreprises autre chose que la prestation régulière que tout citoyen doit à l'Etat ? est-il juste surtout de convertir en une véritable spéculation ce qui ne pourrait au plus être qu'un remboursement ?. . .

Le nouveau projet de M. Catineau-Laroche fut soumis à une nouvelle commission dont le personnel témoignait de toute l'importance que le gouvernement attachait aux idées dont il poursuivait alors l'élaboration. Elle comptait parmi ses membres M. Lainé, ministre secrétaire d'Etat, qui en était le président ; M. de Clermont-Tonnerre, qui devait peu de temps après recevoir le portefeuille de la marine ; M. Barbé-Marbois, M. Duvergier de Hauranne.

Ce serait sortir des cadres de ce travail que de faire connaître par suite de quelles modifications successives le dernier projet de M. Catineau-Laroche, qui, réduit à ses nouvelles proportions, se trouvait être encore le plan d'une grande entreprise, en arriva à n'être plus qu'un simple essai d'acclimatement des travailleurs européens sous le ciel de la Guyane [1]. Notre tâche doit se borner à rechercher comment se comporta cette expérience dans les différentes phases qu'elle a traversées.

Le ministre de la marine arrêta sur la fin de 1822 qu'une expédition, composée d'une compagnie d'ouvriers militaires, d'un détachement de sapeurs et de 50 apprentis orphelins, partirait avec M. le capitaine de vaisseau Milius qui venait d'être donné pour successeur à M. de Laussat. Ce personnel, mis sous les ordres d'un colonel, devait être placé dans les postes de la Mana, pour y continuer les travaux commencés. Toutes les précautions commandées par la prévoyance la plus attentive étaient prises pour que cette expédition préparatoire ne manquât d'aucune des choses dont l'homme peut avoir besoin en état de santé, de maladie et de travail. Cette sorte de colonie militaire, se composant de 164 personnes, fut installée à l'un des deux postes que M. Catineau-Laroche avait précédemment établis sur la rive gauche de la Mana (environ 15 lieues de l'embouchure). Bientôt commencèrent les travaux de défrichement, qui devaient préparer le terrain à recevoir un certain nombre de familles de cultivateurs que le département de la marine s'occupait de choisir. Déjà on avait pu constater que la santé des hommes restés dans ce poste depuis sa fondation s'était parfaitement soutenue, malgré des travaux constants et pénibles. L'arrivée du nouveau contingent ne changea rien à cet état de choses, ou du moins les faits regrettables qui se produisirent, par

[1] On en trouvera l'exposé dans le travail où nous puisons ces éléments.

suite de l'indiscipline des ouvriers militaires [1] et de l'inconduite des orphelins, ne se rattachent que bien indirectement au travail, puisqu'on n'eut qu'à se louer du zèle et de l'activité des sapeurs, qui rendirent d'excellents services et dont la constitution n'éprouva aucune altération sensible.

Sur l'avis qu'il reçut de l'administrateur de la Guyane que l'œuvre préparatoire était suffisamment avancée, le département de la marine se disposa à faire un choix parmi les nombreuses demandes d'expatriation qui lui étaient adressées depuis le commencement de cette élaboration. Pour procéder avec plus de sécurité, l'un des impétrants, que des renseignements positifs permettaient de considérer comme un homme actif et intelligent, fut envoyé sur les lieux avec trois cultivateurs placés sous sa direction. Ces hommes devaient tout voir, tout examiner par eux-mêmes, et, au retour, se trouver, à même d'éclairer leurs compatriotes, leur apprenant ainsi à se former une juste opinion des avantages et des inconvénients de l'expatriation au-devant de laquelle ils voulaient courir. Excellente mesure, qu'un gouvernement seul saura prendre ; elle émousse par avance ces décevantes illusions auxquelles le malheureux émigrant n'est que trop disposé à se laisser aller, et que provoquent d'ordinaire les entrepreneurs de colonisation, sans songer que la déception qui ne tardera pas à les suivre ne saurait manquer d'être une des causes les plus actives de nostalgie et de démoralisation. D'un autre côté, l'officier qui avait commandé le poste de Mana depuis sa fondation, le capitaine Gerbet, qui se trouvait en congé en France, fut autorisé, sur sa demande,

[1] On fut obligé de faire marcher la gendarmerie contre ces hommes, qui, à ce qu'il paraît, n'avaient pas été recrutés avec assez de soin.

à s'entendre avec quelques familles du Jura, qui, le cas échéant, seraient disposées à augmenter l'immigration.

L'accomplissement de ces premières dispositions fut retardé par des circonstances que nous devons mentionner. L'état sanitaire de la population du poste changea tout à coup. Des fièvres pernicieuses se déclarèrent, et sur 50 personnes qui en furent d'abord atteintes, 12 succombèrent rapidement.

Les préoccupations qui naquirent de ce triste changement, des doutes qu'éleva M. Milius, le nouveau gouverneur, sur les résultats des premières explorations en ce qui touchait la fertilité des terres, enfin le peu d'importance des défrichements jusque-là obtenus malgré d'assez fortes dépenses, ces différentes causes firent encore réduire l'échelle de l'expérience. Trois familles recrutées dans le Jura par M. Gerbet, qui les considérait comme *l'élite* des paysans de la contrée, et formant ensemble 27 individus, furent dirigées sur la Mana pour y cultiver les terres défrichées et plantées qui seraient mises à leur disposition, le gouvernement s'engageant à faire les frais du voyage, et à leur fournir à chacune une maison avec meubles, instruments aratoires, bestiaux, volailles, etc.; et de plus la nourriture pendant les dix-huit premiers mois.

Avant de suivre ces immigrants du Jura dans leurs travaux, constatons d'abord le triste résultat du voyage du sieur Cerfberr et de ses trois compagnons alsaciens. Ces hommes, installés sur les bords de la Mana, ne tardèrent pas, après un début favorable, à être saisis par les fièvres qui interrompirent leurs travaux. Cerfberr et l'un des travailleurs moururent. Privés de leur chef et désormais abandonnés à eux-mêmes, les autres se firent promptement rapatrier. C'en fut assez pour arrêter le contingent de l'immigration que devait fournir l'Alsace.

Ce fâcheux début ne pouvait qu'augmenter la sollicitude dont le gouvernement avait résolu d'entourer les familles immigrantes. Au mois de juillet 1824, M. de Clermont-Tonnerre, devenu ministre, écrivait de sa main à M. Milius :

« Du résultat de cette première mission doit dépendre le « succès futur de la colonie. Il faut donc n'épargner aucun « secours, aucun soin raisonnable aux nouveaux colons ; il faut « que leur régime sanitaire soit bien dirigé et bien surveillé ; « qu'on les conduise pour le travail comme pour la nourriture, « comme pour les précautions contre les inconvénients du « climat, de manière à ce qu'ils puissent, au bout de quelque « temps, écrire qu'ils sont contents et qu'on leur a tenu « tout ce qu'on leur avait promis. » Toutes les mesures prises par M. Milius paraissent avoir été empreintes de cet esprit. La dépense que coûta l'installation de chacune des familles s'éleva à 8,000 fr.

Ce fut au poste inférieur (7 lieues environ de l'embouchure) que s'établirent les trois familles. Elles commencèrent bientôt à planter leurs terres en riz, maïs, racines alimentaires, ainsi qu'à étendre leurs défrichements, et rivalisèrent d'ardeur pour le travail durant le reste de la belle saison, sans que leur santé en éprouvât d'abord le moindre dérangement. Elles traversèrent aussi heureusement la saison des pluies, malgré les peines qu'elles durent se donner pour défendre leurs plantations et leurs habitations contre l'envahissement des eaux.

La suite ne répondit pas à cet heureux début. S'il faut en croire les rapports de M. Gerbet, entre les mains de qui M. Milius avait concentré toutes les affaires de l'établissement naissant, les nouveaux colons, éblouis du succès de leurs premières cultures, rêvèrent bientôt la fortune. Ils travaillèrent sans règle et sans mesure, s'exposant, malgré tous les avis, aux plus grandes ardeurs du soleil, étendant démesurément les défrichements, et enfin se livrant, en dépit des conventions, à la culture des denrées coloniales dont l'exploitation exige une plus grande dépense de force et des soins plus continus. Ces imprudences ne tardèrent pas à porter leurs fruits. Des céphalalgies se déclarèrent chez les travailleurs les plus opiniâtres, et l'un d'eux succomba. Cet événement parut n'avoir refroidi que momentanément l'ardeur des colons. On les voit continuer encore quelque temps leurs travaux avec la même ardeur. Déjà même leurs lettres circulent parmi leurs amis du Jura et les provoquent à l'immigration en leur vantant les avantages que leur a faits le gouvernement et l'heureuse aisance dont ils jouissent. Déjà, enfin, le gouvernement, malgré la réduction des crédits spéciaux dont il avait jusque-là disposé pour cette entreprise, se préparait à faire l'envoi d'un certain nombre de familles, lorsque les choses changèrent tout à coup de face.

Ces hommes, qui jusqu'alors avaient déployé tant d'ardeur dans leurs travaux, s'abandonnèrent à l'indolence et à l'inertie, et discontinuèrent de cultiver leurs terres. Aucun avis, aucun conseil ne put les ramener au travail. Le gouvernement ayant cessé de leur fournir la prestation alimentaire qu'il ne s'était engagé à leur accorder que durant un temps déterminé, la perspective de la misère et du besoin ne les fit pas sortir de leur apathie. Enfin, pour ne pas mourir de faim, ils finirent par recourir à des moyens entièrement étrangers au but que le gouvernement s'était proposé en les transportant à la Mana : ils se livrèrent à la chasse, à la pêche, ouvrirent des cantines où ils vendirent à boire et à manger aux employés du poste et aux noirs attachés à l'exploitation des bois. La misère aigrit leur humeur ; des querelles sans cesse renaissantes vinrent jeter la discorde entre les trois familles, qui ne se rapprochèrent plus que pour écrire collectivement au ministre de la marine dans le but d'obtenir leur rapatriement.

Dès que le ministre (M. le baron Hyde de Neuville) eut connaissance de cette situation, il donna au gouverneur de la Guyane l'ordre de renvoyer immédiatement les trois familles en France, en leur fournissant tous les secours dont elles pourraient avoir besoin, ce qui fut effectué.

Plus tard, après avoir réuni quelques nouveaux faits, nous essayerons de pénétrer les causes de ce changement subit ; nous devons, pour le moment, suivre le projet de M. Catineau-Laroche jusqu'à sa dernière transformation.

Une femme d'un esprit ferme et persévérant, madame Javouey, supérieure générale de la congrégation des sœurs de Saint-Joseph de Cluny, proposa de prendre la suite du projet de colonisation, en y portant de nouveaux éléments d'exécution. Il s'agissait de former, sous la direction des sœurs de sa congrégation, des établissements au moyen d'orphelins des deux sexes qui seraient élevés dans le goût du travail, et, en devenant producteurs, exonéreraient l'Etat du fardeau qu'ils lui imposent. Un certain nombre de sœurs de voile, de sœurs converses et de cultivateurs mariés, devaient être envoyés d'abord au poste que venaient de quitter les familles jurassiennes, afin de tout préparer pour l'immigration qui les suivait.

La colonie devait être formée des éléments suivants :

1° Des sœurs pour administrer l'établissement, soigner les malades, élever les enfants, préparer les vêtements, enfin concourir aux travaux de colonisation autant qu'il dépendrait d'elles ;

2° De sœurs converses prises dans la campagne, habituées aux travaux pénibles de la culture, de l'éducation des bestiaux, des forts ouvrages de la maison ;

3° De jeunes orphelins qui seraient élevés, soit pour recruter les deux classes ci-dessus indiquées, soit pour devenir des mères de famille formées sous l'influence de la religion, de la morale et du goût du travail ;

4° D'hommes ou de familles de la campagne habituées aux fatigues et aux privations d'une vie simple et rustique.

Un engagement de trois à cinq ans devait être imposé à tous les travailleurs.

Le gouvernement ne devait s'immiscer en rien dans les engagements à intervenir entre les colons et le chef de la communauté, et l'administration locale ne devait intervenir que comme protectrice de la communauté, mais en laissant toute indépendance à madame Javouey pour la direction de l'entreprise.

Ces bases ayant été adoptées par le gouvernement, une expédition composée de 98 personnes, parmi lesquelles 39 cultivateurs, 27 sœurs converses, et 11 orphelins ou orphelines, partis sous la direction de madame Javouey, arriva à la Mana.

Prenant possession de l'établissement abandonné, la petite colonie s'occupa aussitôt de l'exécution des travaux les plus urgents, qu'elle poussa avec activité.

Dans l'espace d'une année, on avait recueilli les vivres plantés sur dix carrés de terres, dont huit avaient été appropriés par les nouveaux immigrants ; on en avait approprié vingt autres qui avaient reçu, entre autres plantations, près de 100 pieds de tabac. Enfin l'état sanitaire de la colonie s'étant parfaitement maintenu malgré ces travaux, les choses parurent à madame Javouey se présenter assez bien pour qu'elle demandât un nouvel envoi de colons, qui devait se composer de 200 orphelins de l'un et l'autre sexe et de 52 nouvelles sœurs de Saint-Joseph. Dans l'esprit de madame la supérieure, les envois d'orphelins devaient ainsi continuer d'année en année, jusqu'à ce qu'il y en eût assez pour peupler quatre villages de 1,000 chaque.

L'expérience ne parut pas assez satisfaisante quant à sa durée pour qu'il fût donné suite immédiate à cette proposition.

Une épreuve importante restait d'ailleurs à subir; c'était celle du renouvellement des premiers engagements contractés.

Elle ne fut pas favorable. A l'expiration du terme fixé dans leurs contrats, à l'exception de trois, tous les anciens engagés rompirent avec la communauté; le plus grand nombre revenant en France, quelques-uns allant se fixer dans d'autres parties de la colonie, plusieurs enfin s'établissant à leur compte sur les bords mêmes de la Mana, où ils formèrent une petite association pour l'exploitation des bois dont ils trouvèrent un avantageux débit à Cayenne.

Cette séparation ne découragea pas madame Javouey, qui se trouvait encore entourée de 32 personnes de race européenne, auxquelles elle adjoignit un pareil nombre de noirs esclaves qu'elle acheta.

Ce petit établissement, dont les bases primitives se trouvaient considérablement modifiées par l'adjonction de ce nouvel élément, se maintint ainsi jusqu'en 1834, époque à laquelle il subit une transformation qui le place complétement en dehors de notre sujet [1].

[1] L'établissement de la Mana, toujours sous la direction courageuse et intelligente de madame Javouey, devint le champ d'une nouvelle expérience dont

Que si l'on veut maintenant étudier cette double série de faits qui vient d'être analysée, on arrive à en tirer cette conséquence que le travail rural, au moins sous le ciel de la Guyane, n'est pas impossible et mortel à l'Européen, ainsi qu'on est vaguement porté à le croire sous la confuse impression qu'a laissée la catastrophe de 1763. Ainsi, on voit les familles jurassiennes se livrer, sans règle ni mesure, pendant une année entière, à un travail obstiné ; on les voit s'exposer, avec toute l'imprudence de gens qui ne se rendent pas compte du danger, aux redoutables ardeurs du soleil vertical. On voit les travailleurs de tout âge et de tout sexe de la colonie Javouey prendre leur tâche abandonnée et la pousser courageusement pendant l'espace de trois années. D'un côté, malgré l'excès de travail et l'excès d'oisiveté qui lui succède, la mort n'enlève que 2 personnes sur 27 ; de l'autre, les colons, placés sous l'heureuse sauvegarde d'une vie réglée et d'un travail en quelque sorte discipliné, ne succombent que dans les proportions ordinaires de la mortalité en Europe. Lorsque M. le gouverneur Jubelin, visitant l'établissement de Saint-Joseph dans la saison pluvieuse de 1829, questionna les colons les uns après les autres, il les trouva, à l'exception d'un seul, parfaitement satisfaits de leur santé.

Mais lorsqu'on voit se reproduire successivement et à peu de distance, de la part de ces deux noyaux de population européenne groupée sur le même théâtre, cette sorte de revirement subit qui change en apathie et en langueur le zèle

l'urgence commençait dès lors à arrêter les esprits : celle de l'organisation du travail africain libre et salarié. Il forme aujourd'hui un district particulier de la Guyane française, et acquiert chaque jour un véritable intérêt. Le travail européen s'y essaye même avec un certain succès au moyen des militaires du poste. — Voy. t. XII, p. 370, de la *Revue coloniale*.

et l'activité laborieuse des premiers moments, on ne peut s'empêcher de se demander s'il n'y a pas dans la chaude humidité des climats intertropicaux une influence sourdement destructive de la vigueur et de l'énergie propres aux races européennes. Nous dirons en peu de mots notre opinion sur ce point à la fin de ce travail.

III.

Le Guazacoalco.

Caractère peu sérieux de l'entreprise. — Ses directeurs. — Dénouement. — L'essai de travail européen n'eut jamais lieu. — Appréciation.

C'est, sur une échelle réduite, le Kourou de notre époque. Même impéritie, même coupable légèreté chez les promoteurs de l'entreprise, même entraînement irréfléchi chez les immigrants, et enfin même déconsidération imméritée rejaillissant sur les idées de colonisation et de transmigration des races européennes.

Quelques indications géographiques sont nécessaires pour retrouver la trace et le théâtre de cette entreprise, qui date d'hier, et que tout, jusqu'à la bizarrerie de son appellation, semble éloigner du monde de la réalité.

Le fleuve de Guazacoalco prend sa source près de la petite ville de Tehuantepec, située sur la côte occidentale du continent américain, dans la province mexicaine de Vera-Cruz. Il traverse dans presque toute sa largeur l'isthme de Tehuantepec et coule dans la direction du midi au septentrion. Tandis qu'il se relie au golfe du Mexique par son embouchure placée à environ 60 lieues S. E. de la ville de Vera-Cruz, il se trouve par le Malpasso, l'un de ses affluents, considérablement rapproché du Chimalapa qui se déverse dans l'océan Pacifique. Suivant M. de Humboldt, un canal qui ne dépasserait pas la longueur de 6 lieues, et qu'alimenteraient les cours d'eau si nombreux dans ces régions, joindrait facilement ces trois courants navigables et établirait sans percements considérables la communication des deux mers. Dans les circonstances critiques créées par les guerres maritimes, certaines marchandises précieuses, dont le débouché naturel se trouve sur l'océan Pacifique, sont venues, par des voies analogues, chercher l'exportation à la Vera-Cruz. On sait d'ailleurs que parmi les explorateurs que l'importante question de la jonction des deux mers a conduits dans ces parages, il en est qui, malgré la plus large étendue configurative de l'isthme de Tehuantepec, soutiennent qu'il offre à la réalisation de cette grande pensée beaucoup moins de difficultés que celui de Panama.

Au point de vue général, sous le rapport économique, c'était donc une idée d'une certaine valeur que celle de choisir ce territoire pour le siége d'un établissement colonial. Mais l'expérience paraît avoir démontré qu'au point de vue de la facilité de l'exploitation et surtout de la salubrité, ce choix manquait complétement d'intelligence. La concession faite par la nouvelle république du Mexique, sous la date du 3 juillet 1828, et portant la signature du général Santa-Anna, son président, formait un vaste quadrilatère de 300 lieues carrées, limité sur deux de ses faces par le Guazacoalco, qui en devenait ainsi la grande voie de communication. L'abondance des eaux qui l'arrosent, dans une zone et sous une température essentiellement favorables au développement de la puissance productrice du sol, entretiennent sur ce territoire une exubérance de végétation et des causes d'insalubrité qui créent un double élément de lutte pour le travailleur.

La concession fut faite sans autre condition que celle « d'établir et d'encourager la culture de la vigne, de l'olivier, de la soie et des autres produits indiqués dans la demande en concession, et enfin de l'introduction de 500 familles au moins de deux nations différentes dans le délai de trois ans [1]. » Le directeur de l'entreprise devait être Mexicain [2], mais rien ne fait connaître quelles devaient être les conditions de nationalité de la population immigrante.

M. Laisné de Villevêque, négociant, membre et questeur de la Chambre des députés, et un Français du nom de Giordan qui se fit naturaliser Mexicain, sans doute pour remplir la condition exigée, devinrent les chefs de l'entreprise. Le premier devait être à Paris la pensée dirigeante ; le second devait résider au siége de l'établissement et en être le metteur en œuvre. Rien n'indique que ces deux hommes fussent à la hauteur de l'affaire pour laquelle ils s'associaient. Ils semblent n'y avoir vu qu'une spéculation ordinaire, n'impliquant aucune responsabilité particulière, n'entraînant d'autre éventualité que celle de la perte ou du gain. Aucun plan, aucune combinaison spéciale ne paraissent avoir présidé à la formation de l'entreprise, malgré la prétention souvent émise par M. Laisné de Villevêque, d'avoir passé toute sa vie en *méditations sur les colonies* [3]. Loin de là, on voit leurs idées et leurs projets

[1] Acte de concession.

[2] *Ibid.*

[3] Lettre de M. L. de Villevêque à M. Chedehoux, son mandataire à Mexico, du 22 novembre 1828. — Nous puisons nos renseignements dans les nombreux écrits de polémique auxquels a donné lieu l'affaire de Guazacoalco, mais en contrôlant autant que possible l'attaque par la défense, et en nous reportant de préférence à la correspondance que cette polémique a fait arriver à la publicité. — Voy. notamment le *Précis historique de la Colonie française de Guazacoalco (Mexique), avec la Réfutation des prospectus publiés par MM. Laisné*

fondre et se modifier au souffle de tous les événements qui se produisent dans le cours de l'affaire.

La pensée primitive paraît avoir été d'appeler sur la concession des travailleurs possédant quelques ressources, qui, jusqu'au nombre de 500, recevraient gratuitement la terre qu'ils pourraient cultiver à leur propre compte ; et par le fait seul de leur présence comme population, donneraient ainsi de la valeur aux terres non occupées [1]. Plus tard, on songea à la formation d'une grande compagnie au capital de 8,000,000 de francs, qui prendraient en main l'œuvre de la colonisation. Enfin, lorsqu'à force de bruit et de publicité, l'affaire parut gagner un peu dans la confiance publique, on s'arrêta au projet de faire des concessions à des associations particulières qui iraient s'établir et exploiter comme elles l'entendraient. — Les demandes répondirent à cet appel.

La bonne intelligence ne régna d'ailleurs entre les chefs de la colonisation que jusqu'à la publication du prospectus inclusivement. Comme on le pense, rien ne manqua à cette pièce. Là encore se montre cette emphase de promesses que nous avons déjà caractérisée, ces exagérations qui, mises au rude contact de la réalité, deviennent les plus grands éléments de dissolution dans les entreprises de cette nature. « La fécondité du pays dépassait tout ce que l'imagination pouvait en concevoir... Le coton, le cacao, le café, la canne

de Villevêque, Giordan et Baradère, suivi de plusieurs lettres autographes, etc., etc., par M. Hippolyte Mansion ; 1 vol. in-8°, Londres, 1831. — Puis, la *Réponse au libelle de Hippolyte Mansion*, etc., etc., par F. Giordan ; brochure in-8°, Paris, 1831. — Enfin, *Mon Voyage au Mexique ou le colon du Guazacoalco*, par Pierre Charpenne ; 2 vol. in-8°, Paris, 1836. — Ce dernier ouvrage, écrit avec une grande modération, paraît tout à fait digne de foi.

[1] Lettre à M. Chedehoux, précitée.

donnant 15,000 kilogr. de sucre à l'hectare, la vanille, l'indigo, le poivre, le girofle, la cochenille, l'orge, le maïs, dont on fait jusqu'à *quatre* récoltes par an, le riz qui en donne deux ; les fruits les plus délicieux de l'Europe et des tropiques, tout venait à souhait sur cet heureux territoire, qui devait, avec six heures de travail par jour, procurer *non pas seulement de l'aisance, mais des richesses* à ceux qui s'y établiraient [1]... »

Sur la foi de ces promesses, les petites compagnies, dernier mode de la combinaison, se formèrent en assez grand nombre dans différentes localités. Ces associations n'avaient pas pour but, comme on pourrait le croire, de diriger des travailleurs et des moyens d'exploitation sur la concession qui leur était faite : c'était une sorte de syndicat que formaient les concessionnaires qui se trouvaient être eux-mêmes les immigrants. Nous apprécierons tout à l'heure les conséquences de ce système.

Suivons les premières expéditions.

Les derniers mois de 1829 et les premiers mois de 1830 virent partir les deux navires *l'Amérique* et *l'Hercule*, portant l'un 103, l'autre 140 passagers.

Tous deux vinrent successivement échouer en face l'un de l'autre à la barre du fleuve, que les plus gros vaisseaux pouvaient, suivant le prospectus, franchir avec la plus grande facilité. — « Ils y restèrent comme deux bornes fatales destinées à marquer l'embouchure du Guazacoalco [2]. » Les immigrants furent heureusement débarqués ; mais la plupart des effets et des approvisionnements furent perdus ou avariés.

[1] Prospectus de M. Laisné de Villevêque.
[2] *Précis historique*, p. 38.

C'était là un triste début, et qui n'était que trop en rapport avec les faits qui allaient se dérouler.

Aucun préparatif n'avait été fait sur les lieux pour recevoir les colons. On avait eu la prétention de réaliser sans débourssés préliminaires cette opération, où les éventualités de bénéfice ne se supputaient qu'en millions. A la date du 3 novembre 1829, le directeur de la colonisation écrivait des bords du Guazacoalco au chef suprême de l'entreprise à Paris : « Je reçois « votre lettre du 22 juillet, où je lis que, dès le mois d'octo- « bre, il partira des colons ; qu'il faut qu'ils trouvent couvert, « vivres et bestiaux ; que c'est aux vivres surtout qu'il faut « s'attacher... Et en même temps je reçois le compte des « frais pour non acceptation d'une traite de 20,000 fr. que « j'ai tirée sur vous ! — Convenez que ce n'est pas consolant, « et que ce compte de frais rend mortellement dérisoire ce « que cette lettre du 22 juillet contient d'amical !... » Jetés sur la côte, sans abri, exposés aux ardeurs d'un climat rigoureux, dans la saison des vents du N., la plus mauvaise de toutes dans ces parages, les colons, après avoir fait des efforts inouis pour assurer le sauvetage de leurs effets, eurent à traverser de nouvelles tribulations pour se rendre au lieu des concessions qui, comme au Kourou et à la Mana, se trouvait à une certaine hauteur dans l'intérieur des terres.

La bourgade de Minatitlan, pompeusement décorée du nom de ville, était le chef-lieu du nouvel établissement. C'est de ce centre que devaient rayonner les concessions.

L'immigration n'avait pas plutôt atteint Minatitlan que l'on vit éclater à la fois tous les germes de dissolution qu'elle portait en elle. Les associations morcelées dont nous avons parlé, n'ayant aucun lien de solidarité entre elles, et en elles aucun élément de cohésion, se rompirent au choc des premières tribulations. Chacun réclama ou plutôt enleva son apport et voulut faire bande à part, oubliant qu'en s'isolant dans son individualité au milieu de ces solitudes, il s'isolait dans son impuissance. L'organisation, même incomplète, du personnel supérieur qu'eût présenté toute grande compagnie, faisant défaut, ces scissions devinrent le signal de l'anarchie la plus complète. La démoralisation qui s'ensuivit hâta le développement des maladies dont les germes avaient peut-être été puisés dans les premières misères qui suivirent le débarquement. Bientôt ce fut un *sauve-qui-peut* général, et, ainsi que nous l'avons dit, les bords du Guazacoalco devinrent, en 1830, l'image réduite de ceux du Kourou en 1763.

Pour rendre la similitude plus complète, tandis que ces faits se passaient, tandis que se fondaient les premières immigrations au contact de cette plage néfaste, l'administration de Paris, poursuivant impassiblement son œuvre, faisait de nouvelles concessions, poussait à de nouveaux armements, usait de toutes ses influences pour paralyser l'effet que pouvaient produire les plaintes et les défiances qui se produisaient dans les esprits. Peut-être ceux qui avaient entrepris cette singulière affaire ne se rendaient-ils pas bien compte eux-mêmes de la situation des choses. On serait tenté de le croire en présence des singulières préoccupations que nous révèle la correspondance de ses deux chefs. La déroute avait déjà commencé que le directeur de Paris écrivait à celui de Minatitlan : « qu'à l'embouchure du fleuve, M. Ortis donne son nom à la ville qu'on y fondera, *Ortipolis*. A l'embouchure de l'Uspanapa, dans le Guazacoalco, donnez à la ville mon nom, *Laisnépolis*. A l'embouchure du Chachijappa, dans le Guazacoalco, donnez votre nom à la ville, *Giordanopolis*... » Répondant sérieusement à cet appel, celui auquel il était adressé se réservait en outre de fonder les villes *d'Hydropolis* et de *Panopolis* [1].

Mais bientôt ce fondateur de villes dut abandonner son gouvernement, accablé par la maladie, par les récriminations des colons et par les dettes que l'avait entraîné à contracter la singulière position qui lui avait été faite. Son retour, par le bruyant éclat qui s'ensuivit, porta un suprême et heureux coup à l'affaire. Ce ne fut qu'en mars 1831, on à peine à le croire, que partit le dernier navire pour le Guazacoalco [2]. A la fin de la même année, le bâtiment de l'Etat *la Dore* se rendit à la Vera-Cruz pour y recueillir les débris de cette folle et coupable entreprise.

Nous ne croyons pas qu'on se soit jamais bien rendu compte, ni du nombre de ceux qui se sont successivement embarqués pour cette immigration, ni du nombre de ceux qui y ont succombé. A mesure que se succédaient les arrivages, Minatitlan n'était plus qu'un lieu de passage. En voyant l'anarchie, la misère et les maladies qui y régnaient parmi les malheureux qui n'avaient pu s'en échapper, chacun fuyait au plus vite ce lieu de désolation, et s'efforçait de gagner les centres de population les plus voisins, tels qu'Alvarado, Vera-Cruz, Puebla et même Mexico ; les uns s'établissant dans le pays et y exerçant leur industrie, les autres cherchant une occasion pour regagner la France. Nous avons dû nous défier des chiffres fournis par les écrits de polémique qui nous ont passé sous les yeux. Si

[1] Correspondance publiée par M. Giordan à la suite de la *réponse au libelle.....*

[2] Le brick *le Requin*, dont l'un des passagers, revenu en décembre de la même année, nous a laissé l'odyssée que nous avons citée sous le titre de *Mon Voyage au Mexique.*

ces écrits paraissent jusqu'à un certain point concorder quant au nombre des immigrants qu'ils portent environ à 400 ou 450 individus, ils sont loin de présenter les mêmes proportions quant à la mortalité. Il ne sera pas d'ailleurs sans intérêt de rapporter les données fournies par le plus ardent de tous les adversaires de MM. Laisné de Villevêque et Giordan. Il résulte d'un tableau qui se trouve à la page 204 du *Précis historique*, qu'au moment où écrivait M. Mansion, c'est-à-dire au plus fort de la crise, la première expédition arrivée en novembre 1829 avait perdu 8 personnes sur 103 ; la seconde, arrivée en mars 1830 et composée de 140 individus, en avait perdu 18 ; la troisième, arrivée en juillet de la même année sur le petit navire *la Diane* [1], avait perdu 12 personnes sur 83. Cinq mois après le débarquement des passagers de *la Diane*, au mois de novembre 1830, un homme qui résista courageusement jusqu'au bout, le sieur Oulibert, écrivait à un de ses compagnons fugitifs : « Vous me demandez ce « qu'est devenue la colonie : hélas! à peine en trouve-t-on « encore quelques débris ! Il n'y a ici de votre expédition « (c'était la première) que Duparc, Burgos et Salmon ; moi et « deux ou trois, de la seconde ; quant à la troisième, elle se dis- « perse tous les jours, et dans peu l'on n'en parlera que comme « des deux autres, par souvenir. Tout a fui comme à un « *sauve-qui-peut*. Les uns sont partis pour New-York, les au- « tres pour Saint-Domingue ; ceux-ci se sont répandus dans « les villes et villages jusqu'à Vera-Cruz ; ceux-là enfin atten- « dent le départ d'une petite goëlette de Campêche qui va « partir ces jours-ci. *Aucun n'est monté sur les concessions.*

[1] Ce navire parvint à franchir la barre du fleuve.

« Les maladies, le manque de soins et de secours ont frappé « *une trentaine*[1]..... »

Telle fut la colonisation du Guazacoalco.

Que si nous voulons ramener ces faits au point de vue de l'appréciation particulière que comporte cette étude, nous trouverons cette appréciation tout entière dans ces deux propositions, les seules peut-être qu'il soit possible de bien saisir dans ce conflit de récriminations et de misère : *Les maladies, le manque de soins et de secours ont frappé une trentaine. — Aucun n'est monté sur les concessions.*

« Les maladies, etc., ont frappé une trentaine. » C'est-à-dire : aucune épidémie endémique, aucune maladie véritablement propre au climat n'a sévi sur l'immigration, puisqu'au milieu des misères et des tribulations qu'elle a traversées, elle n'a payé à la mort qu'un tribut relativement si faible.

« Aucun n'est monté sur les concessions. » C'est-à-dire l'essai de travail agricole par le moyen de la race blanche qu'il s'agissait d'entreprendre n'a même pas été tenté. Rien qui ressemble même à cette énervation dont se trouvent frappés les colons de la Mana après le tracé de leurs premiers sillons. Il n'y a ici qu'une population confuse, arrivant sans aucune règle, comme elle était partie sans aucun choix ; jetée sur une plage inhospitalière où l'accueillent les plus tristes accidents, et se dispersant bientôt sous le coup de la misère, du découragement et de la nostalgie.

Le travail européen sous les tropiques n'a rien à voir à cette affaire. Elle fut l'application du *laissez-faire et du laissez-passer* à l'œuvre de la colonisation : c'est à ce qu'on nomme l'Économie politique qu'il faut en demander compte.

[1] Cette approximation est en rapport avec le total de 39 que donnent les trois chiffres fournis par M. Mansion.

IV.

Santo-Tomas de Guatemala.

But et combinaison. — Commerce du Centre-Amérique. — La *Compagnie belge de colonisation*. — Causes d'insuccès. — Premiers désastres. — L'entreprise se relève. — Santo-Tomas est fondé, et le fait du travail européen sous les tropiques est acquis. — Appréciation générale.

La colonisation belge de Santo-Tomas de Guatemala mérite d'arrêter particulièrement notre attention. Cette entreprise se recommande à la fois et par l'idée économique qui a présidé à sa formation, et par les phases diverses qu'elle a successivement traversées. Les tristes démêlés, les douloureux mécomptes auxquels elle a donné lieu, ont répandu autour d'elle comme une sorte de confusion qui a souvent fait prendre le change sur sa valeur réelle aussi bien que sur la tâche qu'elle avait accomplie. Des volumineux documents qui ont été publiés sur cette affaire, nous allons essayer de dégager un précis qui réponde à la pensée de ce travail; heureux d'avoir à nous aider dans cette tâche d'un guide aussi ferme et aussi sûr que l'impartial et intelligent explorateur auquel le gouvernement belge a confié l'honorable mission d'aller chercher la vérité sur le théâtre même des événements [1].

[1] M. Blondeel Van Cuelebrouk, envoyé par le gouvernement belge dans le

La Belgique, cette féconde productrice, est, on le sait, loin d'avoir des débouchés en rapport avec la masse de ses produits. D'un côté, c'est son marché intérieur qui, malgré l'une des plus fortes consommations individuelles constatées, se trouve vaincu par la puissance de ses manufactures ; de l'autre, ce sont les marchés coloniaux qui lui font aujourd'hui complétement défaut. Peut-il y avoir lieu pour la Belgique de fonder des colonies dans les mêmes conditions économiques que la France et l'Angleterre, c'est-à-dire pour en faire des annexes placées sous la dépendance politique, administrative et commerciale de leur métropole ? A côté des avantages généraux qui s'y rattachent et qui ne peuvent être que relatifs, des établissements de ce genre n'offrent-ils pas des nécessités de dépenses que l'on peut appeler absolues, en ce sens qu'elles ne sont pas, comme les autres dépenses d'utilité publique ramenées à la mesure des ressources de l'Etat qui s'y résout ? La possession

district de Santo-Tomas avec le titre de Chargé d'affaires, Commissaire extraordinaire, avait mission de répondre à soixante-quatorze questions, embrassant, dans leur ensemble, tous les faits relatifs à la colonisation entreprise en 1841. Le travail de M. Blondeel, publié à Bruxelles, se compose de trois parties. Les deux premières, sous le titre d'*Enquête* et *Suite de l'Enquête*, ont été déposées par le Ministre des affaires étrangères sur le bureau de la Chambre des représentants belge, l'une le 10 juin, l'autre le 25 novembre 1846. Cette seconde partie est datée de Guatemala, du 5 juillet 1846. Un complément, sous le titre de *Rapport*, a été déposé le 5 janvier 1848. Cette savante exploration joint donc à ses nombreux mérites celui de nous faire connaître le dernier état des faits.

Parmi les autres documents dont nous sommes encore aidé, nous devons particulièrement mentionner le *Mémoire sur l'origine, la situation et l'avenir de la Compagnie belge de colonisation*, par M. le comte de Hompesch, l'un des promoteurs et des directeurs de l'entreprise. Bruxelles, 1844. — Un autre Mémoire, que l'un des fonctionnaires coloniaux du nouvel établissement, M. P. Broucz, a publié sous le titre de *Une Colonie belge dans l'Amérique centrale*. Mons, 1846. — L'Exposé général qui a paru en 1841, à Bruxelles, sous le nom de *Essai sur la colonisation de la Vera-Paz*.

de l'une de nos îles, par exemple, n'entraînerait-elle pas pour la Belgique des obligations toutes nouvelles et qui ne sont jamais entrées dans les prévisions de sa politique ? A côté d'une administration coloniale à créer, des dépenses ordinaires de police et de protection, ne voit-on pas apparaître aussitôt le besoin d'une force maritime pour défendre la colonie en cas de guerre ?....

Ainsi, dans les termes où elle a été jusqu'ici posée et résolue, la question de colonisation est une question complexe. On ne peut en courir l'aventure sans se soumettre aux sacrifices qu'elle comporte en même temps qu'on poursuit les chances heureuses qu'elle recèle.

Mais faudra-t-il que le pays qui ne peut se soumettre aux sacrifices renonce à tout jamais aux avantages que lui eût assurés l'expansion colonisatrice ? En d'autres termes, le problème ne peut-il se poser autrement ?

C'est de la situation particulière que nous venons d'indiquer qu'est née la combinaison mixte qui a présidé à la fondation de l'établissement de Santo-Tomas.

Des hommes intelligents et haut placés dans l'opinion de leurs concitoyens ont dit à leur gouvernement : Au lieu de créer des colonies pour les maintenir à grands frais sous votre dépendance jusqu'à ce que la guerre ou la révolte vous les enlèvent, jetez, en proclamant par avance son émancipation, une fraction de la nationalité belge sur un vaste territoire où elle puisse grandir et se développer à l'aise. C'est notre religion, ce sont nos mœurs, nos coutumes, nos besoins qui vont s'implanter sur cette terre, importés par les hommes de notre race et de notre sang. Qu'ils deviennent au besoin, et dans un temps donné, les sujets nominaux de la puissance qui leur aura ouvert son territoire, qu'importe ? Le sentiment qui dominera toujours chez eux sera celui de leur nationalité première. Il dominera d'abord, parce que la séparation n'aura pas eu lieu dans les conditions de lutte et d'antagonisme qui marquent toujours l'émancipation des colonies ; ensuite, parce que votre politique tendra constamment, et par des moyens particuliers, à maintenir et raffermir ces liens de l'affinité nationale. Ainsi, conservez aux émigrants le droit de cité, accordez à l'établissement naissant cette tutelle et ce patronage extérieurs dont il aura besoin pour s'organiser et se constituer régulièrement ; enfin, profitant de l'entière liberté que vous laisse l'absence du pacte commercial qui lie des puissances voisines envers leurs colonies, ménagez des priviléges et des faveurs de tarif aux denrées que vous enverra ce nouveau centre de production qu'auront fécondé les bras et les capitaux de la Belgique.

Evidemment ce pays ne produira pas sans consommer, et, consommant, il deviendra pour vous l'un de ses débouchés extérieurs que l'on recherche dans la fondation des colonies.

Bien plus, si vous jetez ce nouvel établissement sur le flanc de l'un de ces vastes territoires de l'Amérique du Sud dont les nationalités à peine formées n'ont pas encore contracté des habitudes de commerce régulières avec les pays manufacturiers de l'Europe, vous faites mieux que de vous créer un marché limité à sa circonscription : vous constituez un vaste entrepôt d'où vos marchandises s'infiltreront dans la consommation de toutes les populations qui l'avoisinent...

Telle fut la pensée économique qui présida à l'élaboration de l'affaire de Santo-Tomas. Peut-être n'est-il pas sans intérêt de remarquer qu'il y a dans cette idée préconçue d'émancipation, comme un vestige de l'émigration antique, où l'essaim colonisateur se constituait en une individualité distincte presque en se détachant du sol natal, mais nourrissant d'ailleurs pour la patrie-mère ces sentiments de déférence et d'affection que le fils émancipé conserve pour le chef de la famille [1].

Le district de Santo-Tomas, dans l'Etat de Guatemala, fut désigné pour le siége de l'établissement à fonder. Quelques indications topographiques feront apprécier la nature de ce choix.

Même en laissant à l'écart la question toujours étudiée, trop étudiée peut-être, de la section des isthmes, on ne peut s'empêcher de reconnaître que la portion du nouveau continent, désignée sous le nom d'*Amérique centrale*, ne soit appelée à jouer un grand rôle dans l'avenir commercial du monde. Touchant, d'un côté, aux Etats méridionaux de la Colombie, du Chili, du Brésil et du Pérou, confinant au Mexique par le N., baigné à la fois par l'Atlantique et l'océan Pacifique, sillonné de nombreux et puissants cours d'eau qui semblent rapprocher ces deux mers, ce territoire sera un jour le transit nécessaire de l'Europe dirigeant ses expéditions sur la Chine et sur l'Inde.

Séparée de la mer des Antilles par la saillie que forme le Yucatan, c'est dans le golfe de Hunduras que s'ouvre la baie de Santo-Tomas. On peut la considérer comme l'un des plus beaux ports du monde. Le havre, dont l'entrée a environ 3,000 mètres sur une largeur intérieure de plus du double, se trouve protégé par de hautes montagnes qui en font un excellent abri. Il forme la seule communication véritable de l'Etat de Guatemala avec l'Atlantique, parce que le port d'Iza-

[1] Voyez le rare et savant ouvrage de Sainte-Croix : *de l'Etat et du Sort des Colonies des anciens peuples.* — Philadelphie, 1779.

bal, qui pourrait lui faire concurrence, ne peut être abordé que par des navires d'un faible tonnage, à cause de la barre du Rio-Dolce qui met le lac de d'Izabal en communication avec la mer. En l'absence d'un établissement régulier à Santo-Tomas, les navires de l'Europe mouillant dans la baie effectuent leur opération par un mouvement de cabotage qui déverse leurs cargaisons sur Izabal, et en rapportent les chargements de retour; ou du moins cela se pratiquait naguère ainsi. Mais la colonie anglaise de Belize, située au N. de Santo-Tomas, quoique placée à une plus grande distance d'Izabal, quoique formant une escale beaucoup plus coûteuse que celle de Santo-Tomas, a depuis longtemps presque entièrement détourné à son profit ce mouvement commercial. Aussi cet établissement grandit-il sans cesse, et il résulte d'un document produit dans l'*Enquête* que, en 1844, il a reçu 113 navires jaugeant 25,654 tonneaux [1].

La ville de Guatemala, capitale de l'Etat, n'est pas, on le sait, très-loin de l'océan Pacifique : c'est donc à travers l'isthme que se fait le commerce qu'elle entretient avec l'Atlantique. Les opérations s'effectuent de la manière suivante. Le négociant guatemalien se dirige par des *picaduras*, petits chemins tracés à travers les bois et les montagnes, sur Izabal, qui se trouve à 70 lieues de sa résidence. De ce port, il se rend sur une goëlette à Bélize, située à 86 lieues plus loin. Là se font ses achats, qu'il ramène à Izabal, d'où le transport se fait à dos d'Indiens et de mulets, à raison de 75 kilogrammes pour les hommes et de 159 pour les animaux, ce qui représente une

[1] En 1843, Belize avait reçu pour une valeur de 10 millions en marchandises d'Europe, pour 1 million environ des Etats-Unis, 300,000 francs de la Havane, etc. (*Mém. du comte de Hompesch*, p. 15.)

dépense de 45 à 50 centimes le kilogramme. Moyens de charroi aussi barbares qu'onéreux, qui doublent et triplent le prix de la denrée rendue sur le marché de consommation. Cette topographie politique que l'Etat indépendant de Guatemala a reçue toute faite de son ancienne métropole, outre ses inconvénients purement commerciaux, présente cette conséquence très-grave que toute la force vitale de ce riche pays se concentre dans un étroit rayon, placé précisément sur son littoral le plus éloigné de l'Europe; de telle sorte que les magnifiques plaines de l'intérieur sont à peine connues, et que l'une des rives de la Montagua, beau fleuve qui les sillonne du S. O. au N. E., c'est-à-dire dans la direction la plus favorable pour en recueillir les produits, n'a jamais été complétement explorée.

En jetant un établissement au fond de la baie de Santo-Tomas, en reliant cet établissement à l'intérieur par la Montagua, on devait donc arriver non-seulement à ramener au fond de la baie les communications qu'elle avait autrefois connues, non-seulement à créer une concurrence sérieuse au comptoir du Honduras anglais pour les marchandises d'importation [1], mais encore à ouvrir aux forces productrices de l'homme ces plaines où la nature semble leur jeter un magnifique appel.

Ces données générales, que nous présentons avec quelque étendue, parce qu'elles se rattachent au développement de l'un des plus beaux pays du globe, paraissent malheureusement, ainsi qu'on le verra, n'avoir été qu'incomplétement saisies par les hommes qui ont conçu l'idée de la *Société belge de colonisation*.

[1] Belize devra toujours conserver son importance comme lieu d'exploitation et d'exportation des bois de mahogany (acajou), but pour lequel elle a été créée.

Le gouvernement de Guatemala, doué d'une grande activité, était disposé à concourir à tout ce qui pourrait favoriser le développement de la République du côté de l'Atlantique. Une vaste concession territoriale, représentant la superficie de 400,000 hectares, fut érigée en territoire particulier en faveur de la Compagnie, sous le nom de *district de Santo-Tomas*. L'abornement est ainsi tracé dans le décret du 9 mai 1842 : De la barre de la rivière Montagua, en suivant la rive gauche jusqu'aux limites de Gualan ; de ce point tirant une ligne droite jusqu'à l'embouchure du Cajabon, dans le Polochic ; puis jusqu'à l'embouchure du Polochic, dans le lac Izabal ; de là suivant la rive S. E. du lac, celle du Golfete et de la rivière Angostura jusqu'à la mer ; partant de ce point dans la direction du midi, en longeant la côte maritime par la baie de Santo-Tomas, celle de la Graciosa, et en doublant le cap des Trois-Pointes jusqu'à la barre de la Montagua ; les îles qui se trouvent à 3 lieues de distance se trouvant comprises dans la concession.

Les clauses et les conditions qui présidaient à cette concession méritent d'être remarquées. Elles présentent une grande analogie avec les chartes constitutives des grandes compagnies de commerce et de colonisation qui entreprirent naguère le défrichement de nos îles. Soit combiné, soit purement instinctif, il y a là un retour très-marqué vers cette sorte de juxtaposition de l'association privée et de la puissance publique, qui fut la base des deux compagnies des Indes occidentales et des Indes orientales. Ainsi, la Compagnie à former devait avoir la propriété absolue et perpétuelle du territoire compris dans les limites indiquées, pour en jouir comme tout propriétaire, le cultiver, le défricher, y couper les bois, etc. Mais cette cession, si complète qu'elle pût être, ne devait pas être considérée comme une vente du pays ou comme une renonciation aux droits de souveraineté appartenant à l'Etat guatémalien sur les terres concédées. Il n'était fait cession ni explicitement ni implicitement de cette souveraineté ou d'aucun des droits qu'elle comporte [1].

De plus, ainsi que nous l'avons indiqué plus haut, la population immigrante devait immédiatement entrer dans la nationalité guatémalienne, c'est-à-dire être soumise à la constitution, aux lois existantes ou à faire, et perdre, quant à sa nouvelle patrie, le caractère des nations auxquelles elle appartiendrait [2].

La concession n'était pas gratuite. Elle était faite moyennant le prix de 160,000 piastres, payable par dixième d'année en année. A ce prix en argent se joignait même une sorte de complément, se composant de 2,000 fusils de première qualité et du modèle adopté pour l'armée belge, ainsi que 6 pièces de canon de campagne.

C'est à ces conditions que se forma, en 1841, l'association anonyme, qui prit la raison suivante : L'UNION, COMPAGNIE BELGE DE COLONISATION. Nous avons dit que des hommes haut placés en avaient conçu l'idée. Il faut constater, car ce fait aura son importance quant à la destinée de l'entreprise, que ces hommes, à la tête desquels on doit placer les comtes Félix de Mérode, de Hompesch et Arrivabène, appartenaient presque tous à la grande fraction politique que l'on désigne en Belgique sous le nom de *parti catholique*.

[1] Art. 3 et 4 de l'acte de concession.

[2] Art. 5.

Avant d'aborder les faits de la colonisation qui font particulièrement l'objet de ce travail, nous devons indiquer les clauses fondamentales du contrat qui devait lier les parties intervenantes dans l'association.

L'entreprise était fondée sur la base hardie de la *communauté d'intérêts;* la compagnie constituée présentant pour apport les 400,000 hectares de la concession avec les charges et les avantages y attachés; ledit apport représenté : 1° par les actions de la *Compagnie belge de colonisation;* 2° par des *titres de communauté* donnant droit chacun à une part proportionnelle dans tous les bénéfices de la communauté.

Les ayants droit se divisaient en trois ordres : 1° la Compagnie ou ses porteurs d'actions; 2° les porteurs de titres de communauté; 3° *les travailleurs de la communauté.* Etaient comprises sous cette dernière dénomination toutes personnes qui, en se conformant aux règlements, et à quelque titre que ce soit, se trouveraient employées par la Compagnie [1].

Après le prélèvement de certaines retenues destinées à la fondation d'une caisse de prévoyance pour subvenir aux frais du culte catholique et des écoles, d'une caisse de pensions de retraite, et enfin d'un fonds spécial pour les grands travaux d'utilité publique, les produits nets devaient être partagés en trois lots, pour lesquels chacune de ces trois catégories d'intéressés devenait partie prenante [2].

[1] Art. 1er, 2, 13, 14, 54, 55 du Règlement organique.

[2] Nous reproduisons, ci-après, le texte des principaux articles du Règlement organique relatif aux *travailleurs.*

DISPOSITIONS DU RÈGLEMENT DE LA COMPAGNIE BELGE RELATIVES AUX TRAVAILLEURS.

Art. 20. — Hors des ateliers, magasins et bureaux de la communauté, après

Pour ce qui est de l'administration supérieure, elle se divisait en deux parties : en Belgique, un conseil général déléguant ses pouvoirs à un comité de directeurs, ceux-ci agissant sous le contrôle de commissaires du gouvernement; au siége

avoir satisfait aux conditions stipulées en l'article 22, et en se conformant aux règlements de la communauté, chaque travailleur est libre de vivre à sa convenance et de disposer du temps qui lui reste, ainsi que de la part du bénéfice lui revenant.—Il a le droit de posséder particulièrement, à titre de propriété ou autre, toute espèce de biens, meubles et immeubles.

Art. 21. — La cessation des fonctions d'un travailleur dans la communauté, soit par sa volonté, soit par suite de révocation, entraîne avec elle la perte de cette qualité et de tous les droits et priviléges qui y sont attachés.

Art. 22. — Les travailleurs à Santo-Tomas doivent à la communauté :

1° Soit un travail journalier dont la durée, selon les saisons et l'espèce de travail, est réglée par la direction et approuvée par le conseil colonial, soit l'accomplissement d'une tâche à convenir;

2° Leur concours pour le maintien de l'ordre et le service de la garde de la communauté.

Art. 23. — Pour être admis dans la communauté, le travailleur doit être munis des papiers suivants, en due forme :

1° Un acte de naissance;

2° Un certificat de l'autorité communale, attestant sa moralité et sa bonne conduite.

Art. 24. — Les frais de passage des travailleurs leur sont, au besoin, avancés par la communauté.

Art. 25. — Dans chaque atelier, il est ouvert, individuellement à tous les travailleurs, un compte courant, sur lequel sont portées, à leur débit, les avances des frais de traversée; leurs parts de bénéfice sont portées à leur crédit : ce compte est arrêté et balancé tous les ans.

Art. 26. — Les frais de traversée sont retenus, en trois ans, sur les parts de bénéfices.

Art. 27. — Tous les travailleurs de la communauté, sans exception, sont soumis à des règlements d'ordre, rappelés sur les livrets et acceptés par eux.

L'application de ces règlements est faite par un jury ou par un tribunal de prud'hommes choisis parmi les membres de la communauté et constitué par le conseil général.

Art. 28. — Les travailleurs ont, suivant leurs grades et leurs attributions, droit à des appointements ou à un salaire journalier.

Art. 29. — Outre leurs appointements ou leur salaire, il sera partagé, entre les travailleurs de la communauté, un tiers des produits nets, au marc le franc, de la colonie, l'un des directeurs délégué par le comité et chargé de ses pouvoirs; à côté de ce mandataire général, et sous sa présidence, *un conseil colonial*, composé des chefs des diverses branches administratives et de travail; ce conseil

du montant des journées ou du salaire gagné par eux, pendant le courant de l'année, ainsi qu'il est stipulé à l'article 55.

Art. 30. — Les travailleurs ont droit encore, et sans aucun frais personnel :

1° A l'usage des écoles fondées par la communauté, où leurs enfants reçoivent l'éducation religieuse et morale et l'instruction primaire ;

2° Aux avantages de la création d'un service de santé, pour soigner, en cas de maladie, eux, leurs femmes et leurs enfants. Outre les soins du médecin et les médicaments qui leur sont fournis par la pharmacie, il sera pourvu, par les soins de la direction et suivant les règlements adoptés par le conseil général, aux besoins de tous les travailleurs malades ou impotents, ainsi qu'à ceux de leurs familles ;

3° Après avoir fait continuellement partie de la communauté pendant vingt ans, les travailleurs qui ont atteint quarante-cinq ans ont droit à une retraite qui leur est payée annuellement jusqu'au moment de leur décès. Cette retraite équivaut à la moitié de ce que leur rapportaient annuellement leurs journées ou leurs appointements, au moment de leur retraite ;

4° La veuve d'un travailleur, qui aura été employé par la communauté pendant trois ans consécutifs, a droit, tant qu'elle ne se remarie pas, à une pension viagère et annuelle, équivalente soit au quart des appointements ou du salaire journalier de son mari au moment de son décès, soit à la moitié de sa retraite ;

5° Les enfants d'un travailleur décédé sont élevés par les soins, sous la surveillance et aux frais de la communauté ;

6° Tout travailleur en retraite a droit, pour lui et sa femme, au passage franc jusqu'à Anvers ou Ostende, s'il désire revenir en Europe. La veuve d'un travailleur qui a droit à la retraite jouit du même privilége : ces frais de passage sont supportés par la communauté ;

7° Tout travailleur en retraite, ou sa veuve, touche cette retraite, à son choix, soit à la direction de la *Communauté de l'Union*, à Santo-Tomas, soit au siége de la compagnie, à Bruxelles. Ces divers services sont à la charge de la caisse de prévoyance.

Art. 31. — *Les mille premiers colons travailleurs* de la communauté, arrivés à Santo-Tomas, indépendamment de leur part de bénéfices, reçoivent gratuitement des parcelles de terre pour en jouir immédiatement.

Ces terres sont réparties de la manière suivante :

1° A chaque travailleur 50 ares de terres ;

n'ayant d'ailleurs que voix délibérative pour éclairer le directeur, qui seul décide et arrête sous sa responsabilité les mesures à prendre [1], mais pouvant, convoqué sur la demande de l'un de ses membres, et décidant à l'unanimité, suspendre le directeur dans les trois cas de malversation avouée, violation de mandat, abus de pouvoir [2].

La durée de la communauté était fixée à vingt ans, terme après lequel il y aurait lieu à continuation dans le cas où la moitié au moins des porteurs de titres de communauté, possédant entre eux au moins les trois quarts de ces titres, le demanderait. Quant au partage en nature à la suite de la liquidation, il devait s'effectuer ainsi : les terres rurales de la communauté étant divisées en deux grands lots présentant le plus d'égalité possible seraient tirées une première fois au sort, afin

2° Chaque travailleur de la communauté, qui se marie à Santo-Tomas, acquiert, par ce fait, 50 ares de plus ;

3° A la naissance de chaque enfant, issu de mariage, 25 ares.

La propriété des terres accordées de cette manière ne sera définitivement acquise aux travailleurs qu'après trois années consécutives de travail non interrompu dans la communauté :

1° Après dix ans de travail continu, les parts ci-dessus stipulées sont doublées ;

2° Elles sont triplées pour ceux qui ont continué leurs services sans interruption pendant vingt ans. Ces terres, d'après décision du conseil général, peuvent être admises dans la communauté.

Art. 32. — Les enfants des membres de la communauté ont le droit d'en faire partie à titre de travailleurs, aussitôt qu'ils sont en état de lui rendre des services.

La communauté récompensant personnellement les services, le grade acquis par un travailleur ne constitue aucun droit et ne crée aucun privilége en faveur de ses fils.

Art. 33. — Tout travailleur de la communauté qui a rempli ses engagements peut la quitter, lorsqu'il le juge convenable.

[1] Art. 33-42-43 du Règlement organique.

[2] Art. 46.

de fixer lequel des deux lots appartiendra à la Compagnie, lequel aux porteurs de titres de communauté. Ce partage accompli, le lot échéant aux porteurs devait être divisé en autant de parcelles qu'il existerait de titres, chacune de ces parcelles portant un numéro d'ordre et se répartissant par un tirage au sort entre les différents porteurs de titres [1].

Sauf l'idée de la communauté, dont nous verrons tout à l'heure les déplorables effets, tous ces éléments d'organisation sont bien digérés et font honneur à ceux qui les élaborèrent. Mais l'entreprise s'est trouvée dès son principe comme frappée d'un vice originel dont tous ses désastres partiels n'ont été en quelque sorte que les conséquences. « Son premier capital fut un *passif* [2]. » Et ce fait, qui prouve le dévouement, la foi presque religieuse des fondateurs à leur œuvre, a constamment réagi sur ses destinées. Voici comment il se produisit.

Nous avons dit que le capital de la Compagnie devait se réaliser par l'émission des titres qui représentaient son apport territorial. Pour déterminer les souscriptions aux titres de la Compagnie, on voulut en quelque sorte prendre possession de Santo-Tomas par une opération commerciale qui serait comme une manifestation vivante de la constitution de l'affaire. Sans doute, il n'eût pas été impossible, dans des circonstances ordinaires, de réaliser, même par des émissions, la modeste somme de 300,000 francs à laquelle on évaluait cette première dépense. Mais on a vu quel avait été le rôle du parti catholique dans la constitution de l'entreprise. Ce parti, alors à la tête des affaires, avait fait comprendre à l'intelligence élevée du monarque la portée de l'idée qui venait de prendre jour. Et, sauf des subsides,

1 Art. 60 et 61 du Règlement organique.

2 *Mém. du comte de Hompesch*, p. 2.

tous les encouragements lui furent officiellement prodigués ; une mention particulière lui avait même été consacrée dans le discours de la couronne ouvrant la session parlementaire de 1842. Cette intervention si marquée, et qui devait l'être, fit naître, comme par une sorte de réaction, l'hostilité du parti contraire. La polémique s'engagea dans la presse des deux camps, et s'anima à un point que la souscription des actions devint impossible à réaliser au milieu de ce conflit. Ce fut alors que le président du conseil de l'association, le comte de Mérode, proposa à ses collègues de former entre eux la somme nécessaire, et donna l'exemple en contribuant pour 20,000 francs. Grâce à ces nobles dévouements, les 300,000 francs furent trouvés. Mais un pareil mode de réalisation n'entrait pas dans les prévisions constitutives de la Société ; elle ne put donc s'effectuer qu'en la constituant débitrice pure et simple de ses fondateurs.

Tel fut le caractère de sa première opération.

L'expédition, formée à l'aide du capital ainsi réuni, et composée de trois navires, partit, en mars 1843, sous la conduite de M. l'ingénieur Simons, dont le nom avait été si utilement, et l'on peut dire si glorieusement mêlé aux savantes combinaisons qui font une œuvre modèle des chemins de fer belges. Cet honorable citoyen ne devait point voir la terre où il voulait créer une nouvelle source de prospérité pour son pays. Il mourut dans le cours de la traversée.

Nommé à l'élection par les membres du conseil, M. le capitaine Philippot prit la gestion provisoire de l'entreprise.

Entrons dans l'exposé des faits de la colonisation proprement dite.

Ce fut la hache à la main que les immigrants abordèrent leur nouvelle patrie. Voici en quels termes cette prise de possession est rapportée par celui qui en fut le principal acteur :

« Aussitôt que les ancres furent posées, on fit mettre la cha-« loupe à la mer, et tous les membres du conseil colonial « s'embarquèrent pour aller chercher un abordage, reconnaître « le terrain et saluer notre nouvelle patrie. On se dirigea vers « le point le plus commode, et nous prîmes terre à l'endroit « où est aujourd'hui le débarcadère. Ce fut moi, comme le « plus âgé des membres du conseil, qui fus chargé d'aborder « le premier, de prendre possession du pays sur lequel nous « devions créer une nouvelle Belgique. La barque n'ayant pu « parvenir jusqu'à la côte, je fus obligé de me jeter dans la « vase et d'y patauger longtemps avant d'arriver au rivage. « J'avais à peine posé le pied sur le sol, que des myriades de « moustiques et d'insectes de tout genre semblèrent vouloir « m'en disputer la possession. Mes collègues me suivaient, et « se voyaient comme moi exposés aux piqûres cuisantes de « ces nouveaux ennemis. Cependant, nous ne trouvions pas « assez de terrain libre pour nous grouper; force nous fut de « nous servir de nos serpes et de nos haches pour nous ouvrir « un passage à travers les ronces, les lianes, etc., et ce ne fut « qu'avec beaucoup de peine que nous parvînmes à conquérir « un espace de quelques mètres dans ces forêts impénétrables « qui s'offraient à nous. Enfin, malgré la rage des moustiques « qui ne cessaient de nous harceler, nous pûmes nous réunir, « nous donner l'accolade fraternelle, et jurer de nous aider « quoi qu'il arrivât. Ce fut alors que nous pûmes mesurer toute « l'étendue de nos obligations, et nous former une idée des « obstacles que nous aurions à vaincre, des privations et des « souffrances de toute espèce que nous devions endurer. Ex-« cédés de fatigue, couverts de sueur et de morsures, nous re-

« tournâmes à bord du *Théodore* dans un désenchantement « complet, car, au lieu d'aborder, comme on nous l'avait as- « suré, dans un pays où l'on rencontre à chaque pas tout ce « que l'homme peut désirer, nous n'avions trouvé que d'é- « paisses forêts impénétrables, sombres repaires d'animaux « dangereux [1]. »

Ainsi donc, ici encore, le premier pas fut une désillusion.

Trois navires, dont les arrivages se succédèrent dans un espace d'environ vingt jours, suivirent ce premier envoi, et portèrent ensemble 79 personnes. Quelques jours après avoir pris terre, 10 de ces nouveaux arrivés retournèrent en Europe sur le bâtiment qui les avait portés. On reconnut bientôt que des non-valeurs réduisaient les 69 restant à 54, desquels, après avoir déduit les fonctionnaires et employés, il ne restait plus que 14 propres aux travaux indispensables d'un établissement colonial. Ces hommes se mirent à l'œuvre avec un certain courage. Malgré quelques moments d'abattement, ils s'étaient assez bien acquittés de leur rôle de pionniers de l'entreprise, lorsqu'arrivèrent de nouveaux contingents.

Du 8 juin 1843, date des arrivages que l'on peut considérer comme formant la première expédition, au 19 avril 1845, la Compagnie introduisit dans le nouveau district une population de 882 personnes. Ce nombre, décomposé par M. Blondeel, donne une proportion de 384 individus à profession déterminée, dont 184 seulement pouvant être considérés comme véritablement aptes à concourir à la fondation d'un nouvel établissement colonial [2]; et encore ceux-ci furent-ils les premiers

[1] Brouez, p. 27.

[2] Voy. l'*Enquête*, p. 5, et *Suite de l'Enquête*, p. 18.

qui manquèrent à l'œuvre, leur profession leur assurant dans le Centre-Amérique une existence facile et même lucrative.

Nous allons résumer, en les divisant par périodes distinctes, les travaux accomplis par cette population dans l'espace d'environ deux ans et demi, sur lequel portent nos renseignements :

Dans les cinq premiers mois (du 19 mai au 24 octobre 1843, administration du capitaine Philippot[1]) :

Travaux. — Défrichement de 5 hectares. Mise en place de la chapelle apportée de Belgique. Montage de 5 cases aussi arrivées toutes faites. Commencement de la construction de 16 autres causes. Construction de 12 autres cases, ou réparation de 2 cases trouvées en ruines. Construction du magasin. Etude de plusieurs routes.

Dans cette période, la population a été de 54 individus, tous arrivés du 19 mai au 8 juin, et l'on n'a eu à déplorer aucun décès.

Dans les quatre mois et dix jours suivants (du 24 octobre 1843 au 6 mars 1844, administration du R. P. Walle[2]) :

Travaux. — Amélioration du premier travail de défrichement autour des cases. Défrichement nouveau de 9 hectares. Achèvement des cases commencées. Edification de 3 cases nouvelles. Tracé d'une route. Essais de jardinage par la direction et par les colons.

Même population que dans la précédente période. Pas de

[1] M. le capitaine Philippot fut nommé directeur par *interim* dans un conseil d'administration tenu à bord du navire *le Théodore*, aussitôt l'arrivée de la goëlette *la Louise-Marie*, qui porta la nouvelle de la mort de M. l'ingénieur Simons.

[2] Le R. P. Walle, directeur ecclésiastique, administra au nom et comme président du conseil colonial.

décès. En tenant compte de la population et de la dépense, c'est sous cette administration que les travaux ont été poussés avec le plus d'activité.

Dans les sept mois et vingt-six jours suivants (du 6 mars au 1er novembre 1844, administration du major Guillaumot [1]) :

Travaux. — Défrichement de 37 hectares. Construction de 14 cases, de la boulangerie, de la forge, d'un magasin, d'un four à chaux, d'une maison principale, d'un hangar. Commencement d'une maison pour le directeur colonial et d'un grand bâtiment. Fin d'une étude de route. Levée de 200 mètres de long sur 5 de large, destinée à un petit chemin de fer pour le transport des pierres propres aux constructions.

C'est durant cette période que se sont le plus rapidement succédés les envois précipités de colons, sur lesquels nous aurons à revenir tout à l'heure. Du chiffre de 54 où nous l'avons laissée, la population fut portée, durant les huit mois, à 767 individus. Jusqu'au 3 juillet, c'est-à-dire pendant les quatre premiers mois de la période, la mortalité ne fut que de 7 personnes (2 adultes et 5 enfants). Elle s'éleva rapidement dans les quatre derniers mois, et donna un chiffre de 93 décès. Le mois d'octobre seul figure dans ce nombre pour 48 décès.

Dans les cinq mois suivants (du 12 novembre 1844 au 1er avril 1845, administration de M. Dorn [2]) :

Stagnation à peu près complète dans les travaux. On achève

[1] Le major Guillaumot, nommé directeur par la Compagnie lorsque parvint en Belgique la nouvelle de la mort de M. Simons, en septembre 1843, n'arriva dans la colonie qu'au commencement de l'année suivante. Nous dirons tout à l'heure quelle fut son administration.

[2] M. le capitaine d'artillerie Dorn fut nommé par la compagnie pour remplacer M. le major Guillaumot, rappelé.

de monter le bâtiment de la direction. Les rues sont bordées de fossés, et rendues à peu près praticables après les grandes pluies. Malgré l'arrivée de 25 nouveaux colons, la population va en décroissant, plus encore par les départs que par la mortalité. A la fin de cette période, elle n'était plus que de 298 individus, et cependant il n'y avait eu que 87 décès en plus que dans la période précédente.

Dans les sept mois suivants (du 1er avril au 12 novembre 1845, époque de l'exploration du commissaire extraordinaire, administration de M. le baron de Bulow[1]) :

Travaux. — Achèvement d'un grand bâtiment. Réparation de 2 cases; édification de 3 nouvelles. Construction d'un débarcadère. Défrichement de 11 hectares opéré par des indigènes (Caraïbes). Trois chemins commencés. L'état sanitaire s'améliore durant cette période. Sur une population de 300 individus, le chiffre des décès n'est plus que de 30, encore faut-il observer que 25 appartiennent aux quatre premiers mois, et que les quatre derniers n'en fournissent que 5. Par une sorte d'épuration forcée qu'a opérée la crise qui précède cette phase, sur les 300 individus restant, on peut compter la proportion assez satisfaisante d'environ 112 travailleurs.

Dans l'accomplissement des divers travaux qui viennent d'être énumérés, les colons furent aidés par les Caraïbes et les Ladinos ou créoles de la localité. Les Caraïbes furent plus particulièrement appliqués aux défrichements; cependant, dit le commissaire explorateur, les Européens se sont occupés de tout, la construction des huttes en feuilles de palmier exceptée. En répartissant entre les différentes catégories de tra-

[1] M. le baron de Bulow succéda au capitaine Dorn.

vailleurs les prestations obtenues durant les deux ans et demi sur lesquels porte cette étude, on trouve en journées :

Pour les Européens.............	33,875
Pour les Caraïbes...............	11,375
Pour les Ladinos...............	6,525
Total....................	51,775

Ainsi, voilà une première série de faits jusqu'à un certain point satisfaisante. Voyons quelles ont été les causes de l'insuccès final de la Compagnie.

Nous avons dit quelles circonstances avaient présidé à sa constitution. L'argent lui manquait. A la suite de l'acte de dévouement qu'avaient spontanément accompli les fondateurs, on avait essayé, sous le patronage du gouvernement belge, et par l'entremise de la maison Rothschild de Paris, d'opérer en France une émission de 1,000 lots du terrain concédé à la Compagnie [1]. Cette tentative ayant échoué par les raisons de polémique que nous avons indiquées plus haut, et par la révélation des premières difficultés de l'entreprise, on se replia sur la Belgique. C'était dans ce pays seul que la masse pouvait avoir assez de foi dans l'œuvre pour lui venir en aide. Le gouvernement ne faillit pas à l'initiative qu'il avait d'abord prise. Un arrêté royal invita toutes les communes et les établissements de bienfaisance de la Belgique à une souscription aux lots de la Compagnie, afin de lui permettre de réunir les capitaux dont l'emploi devait tourner au profit du commerce et des classes indigentes. Le pays répondit à cet appel.

Il y répondit trop bien, car là devait être la pierre d'achop-

[1] De là, la publicité assez retentissante que l'affaire de Santo-Tomas a reçue durant quelque temps parmi nous. (Voy. *Mém. du comte de Hompesch*, p. 3.)

pement; là devait se produire cet éternel obstacle que l'on rencontre dans presque toutes les immigrations de quelque importance, et qui semble fatalement attaché à cette nature d'entreprise. — Un grand nombre d'individus réalisèrent leur avoir, souscrivirent à l'émission, et se disposèrent à partir. La Compagnie n'était pas prête pour ce départ, mais chaque jour de délai épuisait les ressources de ces malheureux. Comme les colons du Kourou réunis dans le port de Lorient, ils devenaient un embarras. On hâta les préparatifs, on les fit partir. De là ces contingents pressés et successifs qui, ainsi que nous l'avons vu plus haut, portèrent en quelques mois la population du nouvel établissement de 54 à 800 individus. Rien n'était prêt pour les recevoir, ou du moins il leur fallut disputer en quelque sorte l'abri et la nourriture aux premiers arrivés. « Je dois convenir, dit le commissaire du gouvernement, que le nombre des cases est suffisant pour la population actuelle (200 personnes); mais quand on se reporte au temps où le chiffre des colons s'est élevé à plus de 800 avec le même nombre de cases, peut-être moins, on doit se représenter sans peine l'encombrement qui en a été la conséquence, et l'on peut y trouver une des raisons déterminantes de l'épidémie qui a exercé tant de ravages du mois d'août 1844 au mois de juin 1845 [1]. »

Il y eut donc épidémie.

Mais cette épidémie, qu'a-t-elle été? Faut-il y voir un de ces fléaux endémiques qui, dans certaines contrées intertropicales, atteignent presque inévitablement l'Européen dès qu'il s'écarte des règles les plus sévères de l'hygiène? Nous avons

[1] *Enquête*, p. 15.

attentivement examiné cette question, et nous devons dire que toutes les opinions qui ont passé sous nos yeux se prononcent pour la négative [1].

Pour comble de malheur, l'homme sur lequel on avait compté comme sur une sorte de Providence pour combler la perte de l'ingénieur Simons, et faire face à cette situation, ne paraît pas avoir été au niveau de ces graves exigences. L'administration de M. le major Guillaumot, à Santo-Tomas, s'est élevée presque à la hauteur d'un événement politique, par les récriminations violentes qu'elle a soulevées en Belgique. Sans doute, il ne faudrait avoir jamais arrêté son esprit sur les questions de la nature de celle dont nous nous occupons, pour ne pas comprendre combien est difficile le rôle de l'homme qui se trouve préposé à la direction de ses semblables dans des circonstances comme celles que traversa l'essai de colonisation belge. Seul représentant de l'autorité dirigeante sur le théâtre lointain de l'entreprise, il devient la victime expiatoire de tous les mécomptes, de toutes les désillusions et de toutes les haines. Heureux lorsqu'il ne paye pas de sa vie, comme Lally, ou de sa liberté, comme Chanvallon, le crime de n'avoir pas réussi quand on l'avait placé dans l'impossibilité de réussir! Il faut donc, en ceci, pour rester dans la vérité, savoir faire la part de ce qu'on peut appeler *la nature même des choses*. Mais, toute réserve faite à cet égard, il n'en paraît pas moins résulter de l'ensemble des faits que le principal administrateur de Santo-Tomas manqua des qualités propres à sa tâche. Nous avons vu indiqué, dans l'un des rapports médicaux où nous avons cherché à nous renseigner, que les

[1] V. dans l'*Enquête*, le rapport de M. le docteur Fleussu, médecin en chef.

hommes de l'art attribuent les plus funestes effets au régime de contrainte, et presque de violence, auquel furent soumis les colons dans leur intérêt supposé. Cette autocratie sans mesure, en augmentant le découragement et la maladie, relâcha tous les liens du faisceau que le directeur voulait maintenir à tout prix.

Ce fut sous l'administration du major Guillaumot que commença l'antagonisme des volontés individuelles contre la COMMUNAUTÉ.

Ce point demande quelques explications.

Le lecteur n'a sans doute pas oublié que c'était sur cette idée hardie d'une grande communauté, fructifiée par la collaboration de tous, que reposait principalement l'entreprise. Il n'est pas sans intérêt de constater que cette idée, qui avait d'abord séduit les imaginations, et au nom de laquelle on avait obtenu un certain élan des colons débarqués, devint dès les premières complications une cause marquée de fainéantise et d'atonie. A la moindre contrariété, à la moindre atteinte de fièvre, chacun se retirait sous sa tente, sans se préoccuper de la portion qu'il laissait inachevée dans la tâche commune. En un mot, le dévouement à l'œuvre collective fut une affaire de santé et d'esprit dispos. Chose remarquable, cette situation se rompit en quelque sorte d'elle-même, et la propriété privée se serait constituée dès ces premiers temps sans l'opposition énergique du directeur [1]. Ce fut le baron de Bulow qui abaissa les barrières devant cette volonté de plus en plus marquée des colons. « Sous cette administration, dit M. Blondeel, la com-

[1] M. le comte de Hompesch (p. 10) reproche au major Guillaumot la fermeté inopportune avec laquelle il a cru devoir maintenir cette loi de l'association communautaire.

munauté a cessé d'exister de fait comme dans la pensée des colons ; et c'est un progrès, car l'esprit de propriété et l'énergie individuelle se sont développés, et, ce qui est une heureuse innovation, quelques cases ont été acquises et réparées par leurs propriétaires ou leurs habitants ; trois nouvelles sont presque entièrement achevées par des particuliers sur leur terrain, et plusieurs autres ne tarderont pas à être édifiées dans différents endroits déjà préparés... » Et plus loin : « Il est vrai que si la communauté existe encore, il n'est personne ici qui y croie et la prenne au sérieux. Il est vrai que tous les colons aujourd'hui se croient le droit de cultiver, de vendre, d'acheter, et d'entreprendre pour eux-mêmes telle spéculation qu'il leur plaît; mais, il faut bien le reconnaître, cet état de choses est encore nouveau, et n'a été établi et toléré que lorsque la population de la colonie était diminuée des deux tiers [1]. »

Ainsi, la cause la plus immédiate de la crise intérieure qu'eut à traverser l'établissement naissant, il faut la chercher d'abord dans la mauvaise situation financière qui domina la Compagnie dès ses premiers pas dans la réalisation de son programme, puis ensuite dans cette audacieuse expérimentation qui devait, du fond de l'Amérique centrale, nous donner le curieux et instructif spectacle de la propriété individuelle se reconstituant instinctivement du milieu d'un communisme *pratique*.

Mais au milieu de toutes ces causes principales et incidentes d'insuccès, au milieu de cet insuccès même que l'on a pu considérer comme chose accomplie, quel a été, en définitive, le résultat de la tentative de Santo-Tomas?

[1] Voy. l'*Enquête*, p. 9 et 93.

Ce résultat est des plus intéressants.

Les derniers documents relatifs à cette affaire ont été, ainsi que nous l'avons dit, déposés sur la tribune de la Chambre des représentants de Belgique le 5 janvier de cette année. Or, ces documents constatent que *Santo-Tomas est fondé* [1]. A cette époque, la Compagnie avait définitivement cessé d'exister. Le gouvernement, après un dernier effort, un dernier adieu, avait abandonné l'entreprise à son malheureux sort. Cette situation avait d'abord paru devoir se traduire en un cri de *sauve qui peut* général. Mais un nouveau directeur, homme énergique et persévérant, avait fait rentrer le courage dans les cœurs. On avait laissé partir à vide un navire envoyé par le gouvernement pour opérer le rapatriement. « Les colons n'avaient pas voulu s'embarquer, parce qu'ils étaient tous devenus propriétaires [2]. » L'inventaire fait à la suite de la liquidation de la Compagnie venait en effet de donner les évaluations suivantes :

Propriétés des colons	....	69,530 piastres.
— de la Compagnie	....	51,182

(A 5 fr. 45 c. la piastre.)

« La question de salubrité était aux yeux de tous affirmativement résolue [3]. La question agricole, la première et la plus

[1] Voy. le *Rapport* de M. Blondeel, qui y répète cette affirmation déjà produite à la fin de l'*Enquête*.

[2] Lettre de M. Aguet, nouveau directeur colonial, ou consul de Belgique.

[3] En 1847, sur une population de plus de 330 individus, du mois de mars au mois d'août, espace dans lequel se trouve comprise la saison de l'hivernage, on avait compté seulement 21 cas de maladies. Les décès s'étaient élevés à 9. Au moment où M. Blondeel écrivait son rapport, il n'y avait aucune maladie. (Voy. p. 9 du *Rapport*.)

importante pour la masse, sortait triomphante des tardifs mais concluants essais qu'on venait enfin de faire. »

Quant à la question commerciale, « les bilans de la direction ont prouvé que les opérations avaient donné depuis 13 jusqu'à 84 p. 0/0 de bénéfice. Le manque de capitaux les avait empêchés d'être plus considérables [1]. »

Ainsi, on peut le dire, en ce qui touche la tentative de Santo-Tomas, l'épreuve a, en définitive, été favorable à l'essai de travail européen sous les tropiques. Du milieu de ces tâtonnements, de ces déceptions et de ces misères est sorti le noyau d'un établissement qui un jour fera peut-être de la Belgique la métropole commerciale européenne de cette vaste partie du Nouveau-Monde. — Nos Antilles ont traversé bien d'autres tribulations avant de se changer en belles et florissantes colonies.

Que si maintenant on veut apprécier cette série d'expériences, plus ou moins calamiteuses, au point de vue de ce qui peut être entrepris dans le présent, on doit d'abord reconnaître, ce qui est trop souvent contesté: que le Français est aussi disposé à s'expatrier que tout autre peuple, et qu'il suffirait du concours connu et régulier du gouvernement pour déterminer les plus larges immigrations.

Quant aux faits eux-mêmes, on doit exonérer l'œuvre de la plupart des mécomptes subis, pour en rejeter toute la responsabilité sur les agents chargés de la diriger. Sauf à la Mana, où l'on pèche par l'excès contraire, nous voyons, à un certain degré, se reproduire partout les fautes commises par les patrons du chevalier de Turgot. Même imprudence, même impé-

[1] Voy. p. 5 et 9 du *Rapport*.

ritie, mêmes tristes nécessités forçant de recourir à des expédients, et compromettant, en définitive, le sort d'une grande entreprise.

En ce qui touche les conséquences pratiques à tirer pour l'avenir, on peut arriver aux déductions suivantes :

1° Les règles de la plus sévère prudence doivent présider aux immigrations d'Européens destinées à entreprendre des colonisations nouvelles sous les tropiques. L'intervention de l'Etat est nécessaire à ces sortes d'opérations. Il faut qu'il les aide en les dirigeant.

2° Qu'aucune illusion de *prospectus* ne soit faite à l'immigrant. Qu'il ait, au contraire, conscience de la difficulté de l'œuvre qu'il va entreprendre, et soit ainsi sauvé de la *déception*, l'une des causes les plus actives de la nostalgie.

3° Que l'immigrant européen ne soit jamais lui-même le pionnier de la colonisation. — Les premières nuits passées sans abri, le défrichement des terres vierges sont les causes dominantes des épidémies que l'on voit presque toujours sévir sur les populations ainsi subitement transportées dans les zones chaudes. Ces travaux doivent être d'abord faits par des indigènes, et c'est avec leur concours que les premiers Européens débarqués doivent préparer la place pour les contingents successifs. En un mot, il est en cette matière une règle qu'il faudrait suivre comme un principe fondamental : c'est que *l'immigrant ne doit arriver que là où il est attendu.*

4° La famille, qui est, après la religion, la première sauvegarde de la moralité humaine, doit accompagner l'immigrant dans son expatriation. L'expérience a montré qu'elle seule pouvait à la fois le défendre contre la nostalgie et contre les dangereuses provocations du climat.

5° Le travail européen n'est pas impossible sous les tropiques, mais il use rapidement l'ouvrier. Son action destructive a donc besoin d'être combattue. Elle peut l'être, et par des moyens préventifs, et par des moyens réparateurs. Les moyens préventifs doivent consister dans une division réglementaire des heures de travail, qui, défendant l'homme contre sa propre imprudence, lui ordonne le repos à certains moments du jour, où s'exerce plus particulièrement l'action du soleil tropical. Il ne s'écoulera pas une génération que la lettre d'un pareil règlement ne soit passée dans les mœurs.

6° Mais il ne faut point, d'un autre côté, pousser cette prescription à l'extrême, ainsi qu'on est trop souvent porté à le faire, et appeler l'immigrant au travail aux premières lueurs de l'aube, pour allonger d'autant le repos du milieu du jour. L'expérience et le raisonnement établissent que, dans les climats chauds et humides, les émanations du sol font de ce moment le plus funeste de tous aux organisations non acclimatées.

7° Les moyens réparateurs doivent consister dans un régime alimentaire approprié à la fois au climat et à la constitution de l'homme qui s'y trouve transplanté. Cette atonie, ce rapide affaissement que nous avons constatés ne sont que les conséquences d'une *restauration* insuffisante. Les fruits, les racines féculentes des tropiques conviennent à l'Africain, dont la fibre serrée ne laisse échapper aucune déperdition. Mais à l'Européen, qui ne peut faire aucun travail sans être mouillé de sueur, il faut de la viande, du pain et du vin.

8° La première industrie des nouveaux centres de population qui se créent dans les conditions dont nous nous occupons doit donc être l'élève du bétail, et l'un des premiers essais de culture à faire, celui du froment. Quant à la vigne, il n'est personne qui ne sache qu'il est inutile de la planter là où l'octroi n'existe pas. L'immigrant français trouvera du vin français à meilleur marché sous les tropiques que sur sa terre natale.

En résumé, on peut dire peut-être avec raison, mais à un autre point de vue, de la possibilité du travail européen sous les tropiques, ce qui a été dit de la possibilité du travail africain libre : *qu'elle est une question de prix de revient.*

Imprimerie de Paul Dupont, à Paris.

www.ingramcontent.com/pod-product-compliance
Lightning Source LLC
LaVergne TN
LVHW020433230826
846091LV00004B/1473

* 9 7 8 2 0 1 3 5 7 7 1 5 1 *